仕事のパフォーマンスを上げる、

整理術・習慣術

ぱる出版

はじめに

もっと仕事をはかどらせて時間をつくりたい。仕事の本質をつかんで自己の能力を生かしたい。自分自身をさらに成長させたい。それらを実現する「習慣」を身につけたい――。あなたが本書を手にしたのは、そんな思いの現れだろう。その思いこそが、成功への原動力だ。「心に強く思うことは実現する」という成功哲学をご存知だろうか。これは一世紀以上前に、ジェームス・アレンというイギリス人が、著書『原因と結果の法則』の中で主張している考え方で、今なお自己啓発の真髄として支持されている。

つまり今、「成長できる習慣を身につけたい」と思っているあなたは、すでにその「習慣」獲得への第一歩を踏み出しているということだ。もちろん「思う」だけでは現状は変わらない。その「思い」を原動力に行動を起こすことが、成功へとつながるのである。では、どういう行動を起こせばいいのか――。そのための具体的なメニューを提供しよう。

本書は、2005年に刊行した『頭のいい人がしている仕事の整理術・改善術』を改訂した新本である。日進月歩の技術革新やビジネス環境の変化に対応して、必要な情報を更新した。が、仕事をする人の「思い」や本質は変わらない。本書が、あなたの「思い」を実現するための強い味方になることを、心から願っている。

『仕事のパフォーマンスを上げる、整理術・習慣術』 目次

2章 社内・社外業務の改善アクション

3章 スケジュール管理をする習慣

4章 ファイリングで情報活用を改善する習慣

5章 ChatGPT（対話型生成AI）を活用する

6章 コミュニケーションを改善する習慣

7章

自分自身を改善する習慣

1章

「仕事がはかどる」ための改善メニュー

1 ちょっとした知恵で仕事はグンとはかどる

小さなムダをなくすことが改善メニューの本質

よく「お忙しいことで何より」という挨拶を聞く。その心は「ご繁盛で結構ですね」と、相手の活況を讃えているわけだ。なるほど仕事をもつ身であれば、たいてい「忙しい」だろうが、はてさてその中身は本当に「繁盛」なのだろうか。

▽仕事ははかどっているか　忙しく働いた分だけグングン仕事がはかどり、確実に利益を生み出している。そう確信できれば、これは正真正銘の「忙しい＝繁盛」である。こうした忙しさはむしろ愉快であり、仕事の後の一杯はまた格別だ。

が、「忙しい」の中身に少しでも疑問を感じたら、一度仕事のしかたを点検してみよう。もし現状において「仕事がはかどらない」と感じていればもちろん、「そこそこやってはいるが、もっと効率よくできるのでは」と思うなら、ぜひ仕事の整理と改善を試みてほしい。ちょっとした仕事の改善が、よい習慣の構築に意外なほど効果を発揮するのである。

▽仕事の「改善」とは　ところで、この「改善」という日本語は、「カイゼン」という発音のままで世界に通用する。それというのも、かんばん方式に代表されるトヨタ生産方式、すなわち「カイゼン」のノウハウが世界の企業に注目され取り入れられているためだ。

「仕事がはかどらない」という現実は、働く者をくさらせるだけでなく、企業経営をも圧迫する。かつて経営危機に直面したトヨタは、全社一体になって仕事の「カイゼン」を考え、トヨタ生産方式という改善法を構築した。その「カイゼン」の中身は、「ムダをなくす」ということに尽きる。社員一人一人の仕事から、徹底してムダをなくす。その積み重ねが、世界的企業の経営危機さえも救ったということだ。

▽**小さなムダを徹底してなくすこと**　では振り返って、仕事のムダとはどういうことだろう。まっ先に思い浮かぶのは、捜しものだ。書類や道具を捜す。データやファイルを捜す。こうした時間はすべてムダである。それから二度手間。連絡の不十分やうっかりミスから、同じ仕事を二度三度とやり直す。そのつど、謝ったり、説明したりする必要が生じれば、ムダはさらに増殖する。あるいはリモートワークに切り変わり、通勤やオフィスでの雑務がなくなって、さぞ仕事がはかどるかと思ったら、どういうわけかむしろ効率が落ちている、など。詳しくはこの後、順を追って検証していくが、その一つ一つは日常の中に取り紛れる小さなムダや気の緩みに過ぎない。

つまり改善メニューの中身は、決して難しいことではない。日常の仕事や生活習慣から、ちょっとしたムダを除いてやることで、仕事は驚くほどはかどるようになる。敵は「小さなムダ」にあることを、まず肝に銘じよう。

2 できる人の仕事の習慣を観察してみよう

仕事を整理・改善するための情報を収集する

何ごとも最初は情報収集から始まる。仕事の整理・改善を図るにしても、有用な情報を集めたい。手っ取り早いのは実例を見ることだ。すなわち頭のいい人の仕事の習慣を観察すればいい。……と言えばごく単純な発想だが、実はこの方法、「コンピテンシー・マネジメント」という立派な経営手法でもあるのだ。すなわち、仕事のできる人が何をしているかを逐一調べて分析し、能力開発や業務の効率化、人事評価などに活かすこと。まずはこの方法を用いて、「できる同僚」の一日の動き方をじっくり観察してみよう。

▽Aさんのターゲット　日頃から仕事に追われ、忙しいばかりで充実感をもてないAさんは、何とか仕事のしかたを効率良く変えたいと思っている。そこで同僚のBさんに目をつけた。仕事量は変わらないはずなのに、なぜかスイスイこなして残業もほとんどなし、当然上司の受けもよく、能力を評価されてAさんより一足先に昇進した。そこには一体どんなカラクリがあるのだろう。まさに仕事改善のモデルとしてはもってこいだ。

▽朝一番の様子　どうせなら仕事開始から観察してやろうと、Aさんはいつもより三十分早く出社した。するとBさんはすでに席についていて「今日は早いですね」と朗らかに

コンピテンシー・マネジメントを応用しよう

●コンピテンシー・マネジメントとは

有能な社員 → ・成果に至るプロセス ・行動のしかた ・取り組み姿勢 → 優秀な成果

有能な社員が、成果をあげるプロセスにおいて、
どんな行動を取ったかを具体的に調査・分析する。

コンピテンシーの活用例

・業務の効率化を図る。
・人事評価の基準とする。
・社員教育に活かす。

●コンピテンシー・マネジメントの応用

有能な社員 → ・日常の仕事のしかた ・取り組み姿勢 → 優秀な成果

・有能な社員の働きぶりを観察
・仕事のしかたについて直接話を聞く
・周囲の反応を観察

・自分自身の仕事の改善に活かす
・自分自身のスキルアップ

挨拶をする。「そうか、皆より早く来て時間を稼いでいたのか」と思ってのぞき込むと、仕事そのものではなく、1日のスケジュールを確認している様子だ。メールチェックをし、仕事のメニューを整理、順番づけして、連絡の事項や相手をリストアップしている。

そして始業時間になると、さっそく電話の受話器を取り、次々と連絡を始めた。愛想よく挨拶して、要領よく必要な話をすると、爽やかに切り上げる。そのリズムが実にいい。

▽なぜか楽しそうだ　続いて課内の何人かと簡単な打ち合わせをすると、チラリと時計を見て、ニコッと微笑む。そしてヨーイ・ドンという風情で、デスクワークにかかり出した。仕事の内容はルーチンワークの事務処理であり、そんなに面白い作業ではないはずだが、嬉々として取り組んでいるように見えるのはなぜなのだろう。根っからの仕事好きなのだろうかと、Aさんは秘かに首をひねった。

▽締め切りを定める　なおもBさんの様子をうかがっていると、彼は定期的に時計をのぞいて、進行状況を確認している。それで昼休みのちょっと前に、また時計を見て「よし」と満足げにつぶやいた。どうやら「締め切り」に間に合ったということらしい。…というのは、彼の打ち合わせや連絡を聞いていると、「いつまでにいただけますか」「〇日の午前中までにいただけますか」とか、「来週いっぱいお時間いただいてよろしいですか」「期限は〇日の何時までですね」という具合に、必ず締め切りを確認しているのだ。

同様に、1日の仕事内容にも細かい締め切りを課していて、作業の期限がスケジュール表に書き込まれている。その締め切りを目指して突進し、「達成した！」と満足しているらしい。「その程度のことが、そんなに嬉しいのかな」と、Aさんはまた首をひねった。

▽メモ魔だ　仕事の合間にもたびたび連絡は入る。Aさんは、いちいちメモを取り、スケジュール表に書き込んだり、パソコンに打ち込んだりしている。それ以外にも、何か思いつくとすぐにメモだ。そのメモを種類や用途によってパッパと仕分けしている。

▽颯爽と「お先に失礼します」　午後に1時間ほど会議に立った以外は、この調子でゆるみなく業務をこなし、定時を過ぎるとじきに片付け出して、しばし静かになった。どうやら朝一番と同様にスケジュールの確認をしているらしい。うんうんと頷いて、サッと席を立つと、残業が習慣化しているAさんに「お先に失礼します」と愛想よく挨拶して、颯爽と退社した。週に3日はプールに通っていて、今日はレッスンを受ける日なのだそうだ。

▽まっさらな机の上　Bさんが部屋を出るのを見届けて、Aさんは彼の机の前へ立った。机の上には何も載っていない。きれいさっぱりと片付いている。机の引き出しや書類ケースには、それぞれ見出しが貼ってあって、何が入っているか一目瞭然だ。それでBさんが席を外した時、電話を受けた隣りの同僚が、机の引き出しを勝手に開けて、代わりに応答できたのか。あれで用が一つすんでしまったわけだと、Aさんは改めて感心した。

3 仕事の整理改善でなにが変わるのか

ちょっとした整理・改善が仕事の効率を上げ、人生をも変える

有能な同僚の仕事の習慣をつぶさに観察して、Aさんの印象に残ったことは、何より「整理のよさ」だった。お陰でミスやムダがない。その結果、仕事が速やかに片付いて周囲からも喜ばれ、自分の時間も取れるのである。特別な秘密があるわけではなく、その気になれば自分にも十分実行できそうな改善だ。しかもそのちょっとした変革で得られる成果は意外に大きいと、Aさんは思った。

▽**快適な仕事空間**　整理された机の上がこんなに気持ちのいいものだとは――。Aさんは改めて思い知らされた。同じ広さのはずなのに、Bさんの席の方が広々と感じられる。ここに座れば、それだけで意欲が湧いてくるような気がするから不思議だ。

▽**時間の余裕**　時間に余裕が持てれば、仕事に追われるのではなく、仕事を手の内におさめて進められる。そのため細かい目配りが効くし、気づいたことを提案や企画に活かしやすい。また不測の事態にも慌てずに対応できる。さらに退社後の時間も有効活用できる。

▽**意欲と人間的魅力**　こうして前向きに取り組めば、仕事に対する意欲も増す。すると自然に目の輝きも変わる。内面が活性化し充実した人は、誰の目にも魅力的に映るのだ。

仕事の整理・改善で得られる効用

身の回り
・机、書類棚、ロッカー等。
・書類、データ、手紙、名刺等。
・文房具、仕事の用具等。

頭の中
・作業、任務、役割等。
・報告、連絡、相談等。
・メモ、アイデア、問題等。

↓

整理

↓

快適な空間
・同じ場所を広く使える。
・気持ちが落ち着き、頭も冴える。

時間の余裕
・ムダがなく、仕事が速い。
・目配りが効き、問題点が見え、よい発想も浮かぶ。
・不測の事態にもしっかり対応できる。

↓

仕事のスキルアップ
・目的意識が高まり、企画や提案が積極的にできる。
・評価が高まり、さらに仕事を任される。
・能力を活かすチャンスが巡ってくる。

↓

人生の活性化
・プライベートな時間を確保でき、趣味や自己啓発に活かせる。
・行動や人的交流の幅を広げて、自分を成長させられる。

4 まずは「忙しい」中身を再確認してみよう

仕事の内容や時間を取られている原因を書き出して整理

Aさんの「できる同僚観察」の例で、だいたい改善のツボがわかってきたと思う。改めて、自分自身の状況を整理してみよう。リモートワークでも要領は同じである。

▽「忙しい」の中身を書き出す　「なぜ忙しいかって？　仕事が多いからに決まっているだろう」と、一言で片付けてしまわないで、多いと感じる仕事の中身を具体的に挙げて書き出してみてほしい。ルーチンワークが過剰なのか（ルーチンワークの中身まで詳しく書き出した上で）、あるいは上司からの頼まれ事が多いのか、外部との連絡が多いのか。

またそれぞれの仕事について、具体的に何に時間を取られているのか。調べものか、文書作成か、外出か、会議や打ち合わせは長くないか、余計なことをしていないか、日常の仕事状況をよく思い出して、細かく点検してみよう。

▽「忙しい」の改善点を書き出す　「忙しい」の中身を、思い浮かぶ限り書き出したら、それぞれの事項について何を改めるべきなのか、「身の回りの整理」「頭の中の整理」「その他」に分けて書き出してみよう。整理のしかたを改善することによって効率化することが、意外に多いと気づくはずだ。なお、「その他」については次項で考える。

「忙しい」の中身を改めて確認しよう

●例えばこんなことはありませんか

- □ 割り当てられている仕事の量が多い→身の回りの整理・頭の中の整理
- □ 1日にこなす仕事の種類が多い→頭の中の整理
- □ 礼状書きなど、本来の仕事以外の雑事が多い→身の回りの整理・頭の中の整理
- □ 仕事に関連する書類の種類が多い→身の回りの整理
- □ 必要な書類や文房具類をしばしば探す→身の回りの整理
- □ 上司や他部所から質問を受けるたびに資料を探す→身の回りの整理
- □ 上司や関係者のムダ話に付き合わされる→その他
- □ 会議や打ち合わせが長い→その他
- □ 取引先や顧客からの電話が多い→頭の中の整理・その他
- □ 仕事関連の外出が多い→頭の中の整理・その他
- □ 仕上げた仕事の確認に時間をとる→頭の中の整理
- □ ミスをした仕事のやり直しが多い→頭の中の整理
- □ 仕事上のクレーム処理に追われる→頭の中の整理・その他
- □ 仕事に対するトラブルが多い→頭の中の整理・その他
- □ 頼まれて他人の仕事を引き受ける→その他
- □ 他人に任せた仕事の尻拭いをする→頭の中の整理・その他
- □ 相手の都合で待たされることが多い→その他
- □ リモート：チャットやメールに費やす時間が増えた→頭の中の整理・その他
- □ リモート：私事の連絡や用事が仕事時間に入り込む→頭の中の整理
- □ リモート：オフィスにいた時より捜し物が増えた→身の回りの整理

5 仕事のスピードを鈍らせる原因は何だろう

問題は「整理」「コミュニケーション」「意識」にある

「忙しい」の中身を書き出してみると、そこに仕事のスピードを鈍らせる要因があることが見えてくる。そこで今度は、何がスピードを鈍らせているかを書き出してみよう。

▽どうして仕事が遅いのか　例えば書類作成に時間がかかっているなら、その手順を追いながら、時間のかかる原因を考えてみよう。データ調べは速やかか、資料を探すのに時間がかかっていないか、書類や道具をしばしば捜していないか、ミスによるやり直しはないか、途中で別の用を言いつけられて作業が遅れるのか。あるいはやる気が起きなくてついダラダラしているとか、本来自分がすべきでない作業まで抱え込んで消化不良になっているなど。これもまた思いつく限り、脈絡を気にせずに書き出してみてほしい。

▽「整理」以外の改善点　次に各々の改善点を考えてみよう。やはり「整理」の必要性を痛感するはずだ。また「整理」以外（前項では「その他」とした）では、まず「コミュニケーション」の改善がある。連絡や説明をきめ細かくし、人間関係を良好にしてミスやトラブルを避ければ、仕事は円滑に進む。さらに自分自身の「意識」の改善。やる気がなかったり、体調を崩したりすれば、仕事のペースが落ちるのは当然だろう。

仕事のスピードを鈍らせる原因は?

●例えばこんなことはありませんか

□ 作業の種類が多くて、うまく頭の切り替えができない→頭の中の整理

□ 書類の種類が多くしばしば混同する→身の回りの整理

□ 一度調べたことを、別件でまた調べる→身の回りの整理・頭の中の整理

□ 片付けてもすぐに散らかってしまう→身の回りの整理

□ ミスが多く、しばしば仕事をやり直す→頭の中の整理・意識

□ 上司の命令が曖昧なためミスをする→頭の中の整理・コミュニケーション

□ 意見の対立やトラブルが多く、仕事の進行が停滞する→コミュニケーション

□ 連絡事項を忘れてミスをする→身の回りの整理・頭の中の整理

□ 考えがまとまらず、仕事の進行が停滞する→頭の中の整理

□ 社内や出先でムダ話に時間をとられる→コミュニケーション・意識

□ 断り切れずについ他人の仕事を引き受けてしまう→コミュニケーション

□ 他人に任せた仕事にミスが多く、尻拭いに時間がかかる→コミュニケーション

□ 仕事を他人に任せられず、ついつい抱え込む→コミュニケーション・意識

□ 仕事は自分が納得できるように完璧にこなしたい→頭の中の整理・意識

□ クレーム対応が遅れ謝罪が煩雑になる→頭の中の整理・コミュニケーション

□ 朝から疲れていて、気持ちが乗らない→意識

□ つい仕事を先送りする傾向がある→意識

□ リモート：つい朝寝坊して始動が遅くなっている→意識

□ リモート：仕事中に家事や趣味に気を取られる→身の回りの整理

□ リモート：仲間の働き方が見えず、モチベーション低下→コミュニケーション

6

仕事の仕方を改善する6つのメニュー

具体的な整理・改善の指針を定める

仕事のスピードを鈍らせる原因を洗い出してみると、その改善点として「身の回りの整理」「頭の中の整理」「コミュニケーション」「自分自身の意識」の4つが挙げられる。これらを改善する方策として、次の6つのメニューを提案したい。

▽メニュー1・ファイリング（整理術）　仕事改善の基本は、何といっても整理。Aさんが「できる同僚」を観察した中でも痛感したことだ。きちんと整理されたスペースは快適で仕事への意欲がわいてくる。机の上がゴチャゴチャなのに、頭の中だけスッキリとはいかないもの。「身の回りの整理」と「頭の中の整理」は切り離せないのである。

「整理」を進めるために、ファイリングを活用する。モノや情報を合理的に整理し、必要な時にすぐに取り出して活用できるようにするのがファイリングだ。そのテクニックを身につけて「身の回り＝環境」と「頭の中＝情報」を活性化しよう。

▽メニュー2・スケジュール管理　仕事を効率的に進めるにはスケジュール管理が必要だ。何をいつまでに仕上げるのか。Bさんが必ず確認していたことである。その期限をおさえた上で、仕事の手順を時系列で整理するのがスケジュールというもの。これも「頭の

中の整理」の一つである。スケジュールを立てれば、仕事の筋道が見えてくる。もちろん、これまでもスケジュールは立てていただろう。が、より有効なスケジュール管理を工夫することで、仕事は格段に改善するのである。

▽メニュー3・段取り　仕事の効率を上げるには手順が合理的でなければならない。スケジュールを立てる際も、手順を踏まえる必要がある。月末に会議があるとすれば、会議資料はそれ以前にそろえるし、会議室の確保やメンバーへの連絡も余裕をもって行う。そうやって仕事をスムーズに運ぶために必要な手順を整えることを段取りという。

また、他人に任せられる仕事があれば先に振り分けてしまう。すると自分が別の仕事をしている間に、任せた仕事も進むのである。仕事がなるべく同時進行するように振り分けるのも、やはり段取りだ。スケジュール管理と同様に「頭の中の整理」の一つと言える。

仕事のスピードは段取りひとつで大きく変わってくる。仕事の速い人は必ず段取り上手だ。改めて社内・社外における上手な段取りのしかたを点検してみよう。

▽メニュー4・新しいツールの活用　情報技術は日進月歩、スマホやクラウドなど新しいツールが出るたびに仕事のしかたが変わり、作業の効率化が図られてきた。今、注目のチャットＧＰＴをはじめとする対話型ＡＩについても、ファイリングとつながる「頭の中の整理」改善のツールとして検討したい。

▽メニュー5・コミュニケーション　言うまでもなく、仕事は自分１人だけで進めるものではない。社内はもちろん、外部の取引先や顧客など、さまざまな人と連携して成り立っている。社員の心得として、報告、連絡、相談（いわゆるホウ・レン・ソウ）の大切さが強調されるのもそのためだ。そうしたコミュニケーションをうまく取れないと、ミスやトラブルを誘発し、仕事の進行を著しく遅らせる。

これは仕事上の連絡だけではない。日頃から良好な人間関係を築いておくことが、仕事上のコミュニケーションの基礎となる。挨拶や身支度などの基本的なマナーはもちろん、好感度を高める話し方、聞き方など、改めて振り返ればコミュニケーションのとり方にも改善の余地があるはずだ。

▽メニュー6・自分自身の意識　何ごとも意識のもち方は大切だ。同じ作業をするにしても、やる気のあるなしによって、スピードも質も違ってくる。もちろん前向きに積極的な姿勢で取り組むのがよいに決まっているが、その思いが空回りしてはいないか。また何かの理由で気持ちが落ち込む時もあるだろう。健康管理も含めて、自分自身をどう整えていくかを再考してみよう。仕事の意識を改善することは、生き方そのものを見直すことでもある。

＊

以上６つのメニューに沿って、この後の章で改善メニューの具体策を述べていく。

仕事を改善する6つのメニュー

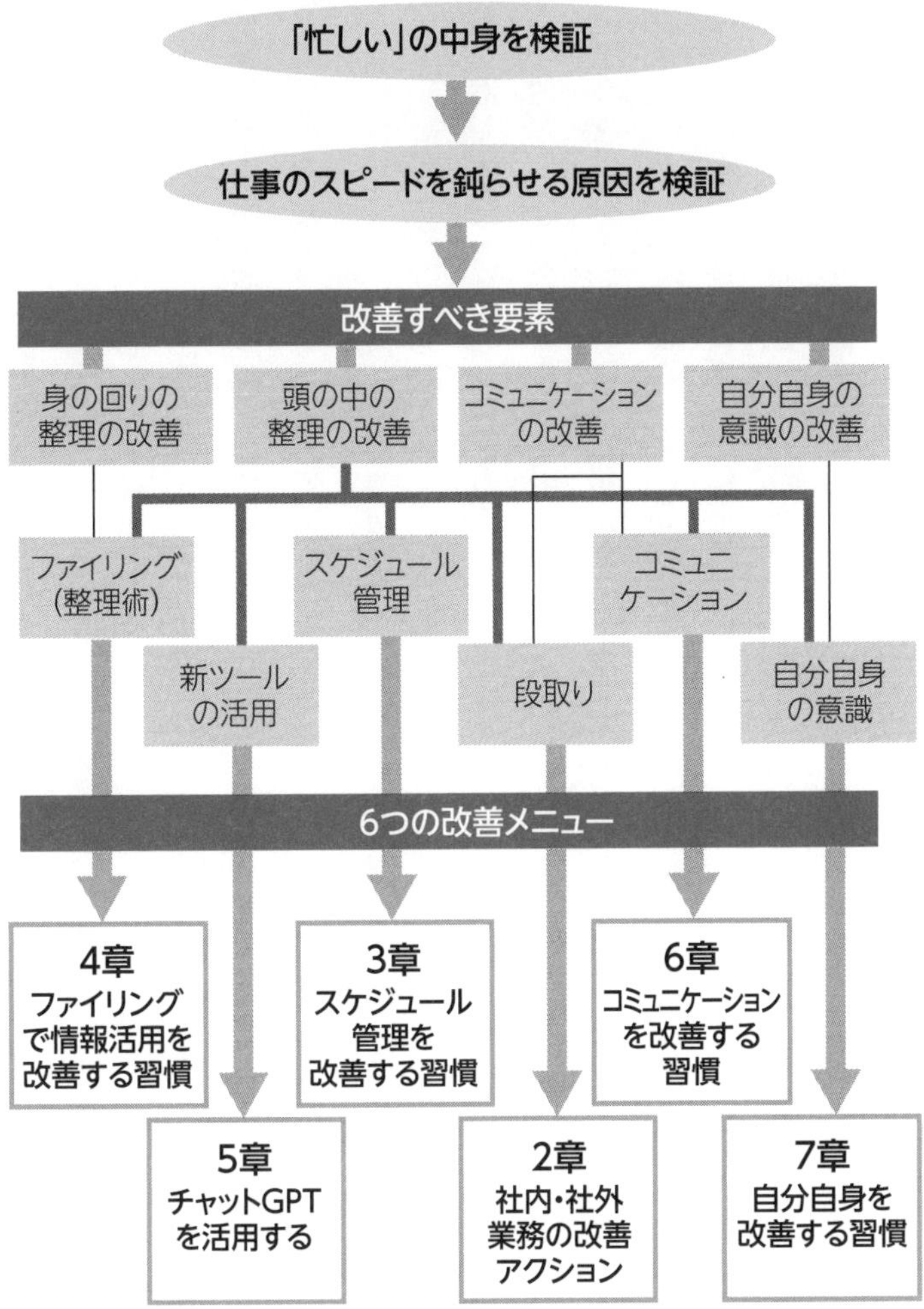
「忙しい」の中身を検証
仕事のスピードを鈍らせる原因を検証
改善すべき要素
身の回りの整理の改善
頭の中の整理の改善
コミュニケーションの改善
自分自身の意識の改善
ファイリング（整理術）
スケジュール管理
コミュニケーション
新ツールの活用
段取り
自分自身の意識
6つの改善メニュー
4章 ファイリングで情報活用を改善する習慣
3章 スケジュール管理を改善する習慣
6章 コミュニケーションを改善する習慣
5章 チャットGPTを活用する
2章 社内・社外業務の改善アクション
7章 自分自身を改善する習慣

7 仕事のノウハウを蓄積する習慣

改善マイメニューから仕事の習慣の構築

各改善メニューの説明に移る前に、もう少し全体的な話をしておこう。

▽**マイメニューをつくる**　読者の皆さんは、それぞれ経歴や性格も違うし、仕事の種類や直面する状況も異なるはずだ。本書では仕事の改善について、順次そのノウハウを紹介していくが、その中から自分自身に必要な整理術・改善術を選択し組み合わせて、改善のマイメニューをつくってほしい。

▽**改善を取り入れて仕事をシステム化**　マイメニューができたら、それに基づいて、実際に仕事の段取りやスケジュールを組み立ててみよう。この時に肝心なことは、改善した仕事を習慣化すること。Aさんの観察でも、できる同僚が自分流の仕事のスタイルを確立していたことを思い出してほしい。習慣化することが改善を軌道に乗せるコツだ。

▽**ノウハウの蓄積するシステム**　仕事の習慣化にあたっては、改善を一過性の変化にとどめず、仕事の中に定着させる工夫が必要だ。そこで、会得したノウハウを蓄積する仕組みをつくる。ノウハウの蓄積がさらなる改善に活かされるよう、4章で紹介するファイリングのテクニックを使って、効率的な仕事のシステムを構築しよう。

ノウハウを蓄積する習慣

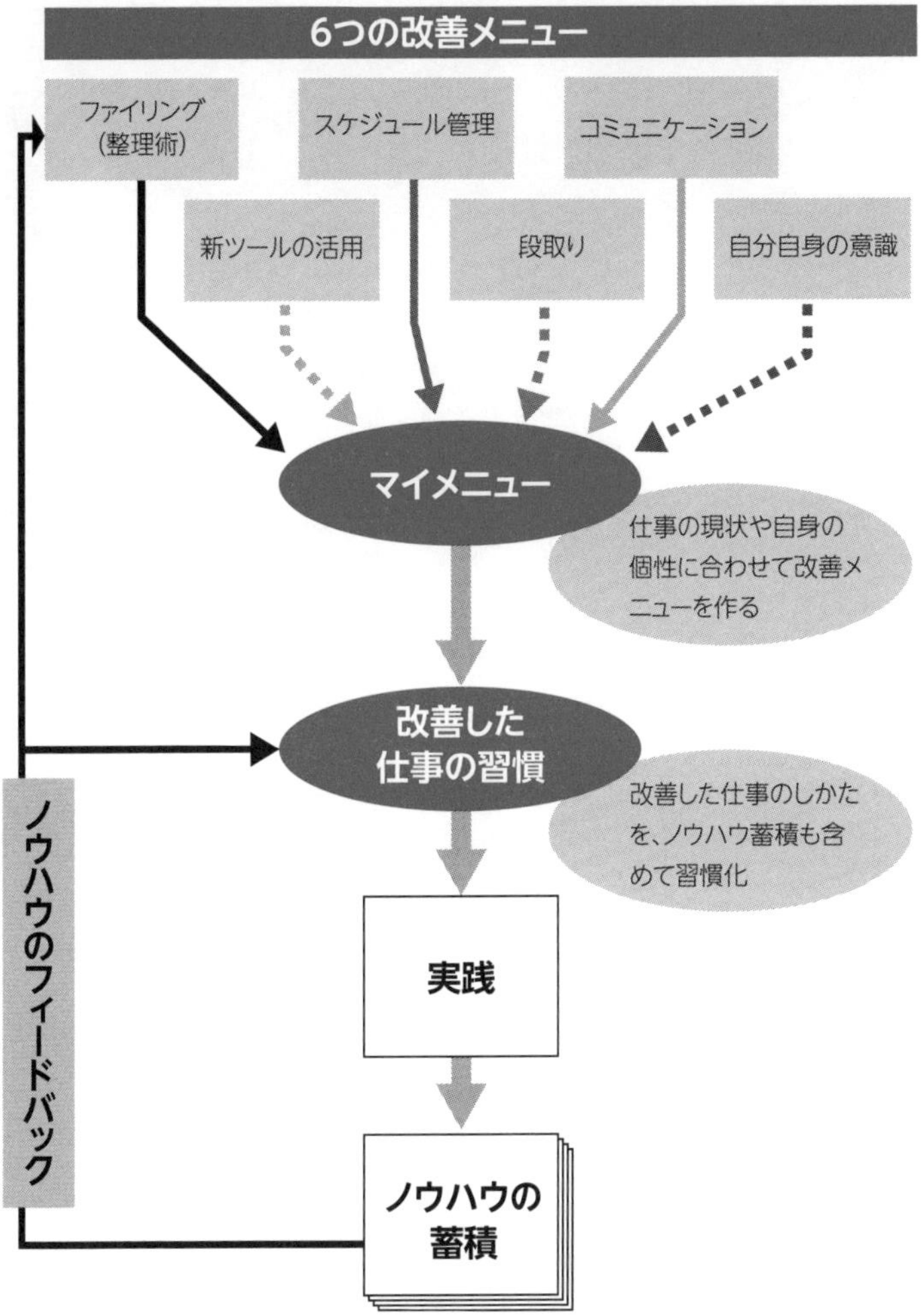
6つの改善メニュー
ファイリング
（整理術）
スケジュール管理
コミュニケーション
新ツールの活用
段取り
自分自身の意識
マイメニュー
仕事の現状や自身の個性に合わせて改善メニューを作る
改善した
仕事の習慣
改善した仕事のしかたを、ノウハウ蓄積も含めて習慣化
実践
ノウハウの
蓄積
ノウハウのフィードバック

8 仕事の基本習慣をおさえる

判断の軸・コミュニケーションの基礎となる仕事の常識

もう一つ、改善メニューの各論に入る前に心得ておきたいのは、仕事の基本情報を確実に把握するということだ。

▽判断の軸をつくる　自社や業界の基本的な知識、仕事の流れを頭に入れておくことは、ビジネスマンとしての常識であり、常識を踏まえることは非常に重要。なぜならその常識が「判断の軸」をつくるからだ。仕事では常にさまざまな情報を収集するが、情報は分析し判断してはじめて役に立つ。その分析や判断をくだすための軸となるのが常識なのだ。ゆえに常識なしには、「仕事改善メニュー」という情報を取り入れて活用することも望めない。

▽コミュニケーションの基礎　人とのつきあいにも常識は不可欠だ。いわゆるビジネスマナーは、社会人として人間関係を築くための最低限の常識である。さらに仕事を進めるためには、自社や業界の基礎知識を頭に入れておく必要がある。

例えば、社内の会議や取引先との商談で、基本的な業界用語を知らず「○○って何のことですか」などと間の抜けた質問をすれば、それだけで能力を疑われてしまうだろう。あるいは顧客とコミュニケーションを取る場合も、まずは正確な知識を示して顧客の信用を得ることが第一歩である。

▽仕事の基本情報のおさえ方

では、仕事の基礎情報はどうやって入手すればよいか。自社についての基本情報は、会社要項を見ればおおむね網羅されている。特に大企業の場合、自分の関連分野以外の営業について意外に知らなかったりするものだ。初心に戻って要項を読むなり、ホームページを開くなりして再確認するとよい。

さらに専門分野の知識は、研修や実際の仕事の中で覚え込んでいく。仕事をする中で疑問に感じたことはそのままにせず、上司や先輩に質問して確認することが大切だ。また業界の知識を蓄えるには、その分野の本や雑誌を読むこと。知識を深めるために仲間同士で勉強会をしたり、関連のセミナーに参加したりするのもよい。

▽基本的な数字をおさえる

仕事や業界の基礎情報を蓄える時には、そこに出てくる基本的な数字に注目しよう。売り上げや利益、生産量、価格など、分野によって数字の種類はさまざまだが、基本的な数字を頭に入れておくと、例えば何かの話で数字が出た時に、それが多いか、少ないか、破格なのか、順当なのか、すぐに判断をくだすことができる。情報を分析判断するために、大いに役立つはずである。

そもそも数字には曖昧さがない。そのため理論や概念を具体的に把握するのに役立つ。

イメージを具体的にするには、数字をおさえるのが何より手っ取り早い。それは自分自身の理解だけでなく、例えば他人に話をする場合にも、具体的な数字を示せばグンと説得力が増すものだ。

▽企業理念を知ろう　企業理念とは、企業が営業活動を行う指針。「経営理念」「基本理念」「社是」などとも呼ばれるが、いずれも短い言葉で、その企業の経営姿勢を端的に示すものだ。例えば、インターネットでキヤノンの企業理念を調べると「共生」とあり、「文化、習慣、言語、民族などの違いを問わず、すべての人類が末永く共に生き、共に働き、幸せに暮らしていける社会をめざします」と謳われている。またホンダの場合は「人間尊重（自立・平等・信頼）」と「三つの喜び（買う喜び・売る喜び・創る喜び）」とある。

このように企業理念とは、その企業の経営に関わる非常に根本的な理念を表明するもので、営業活動にかかわるあらゆる評価や判断の基準となる。経営方針や経営計画も企業理念に則って打ち出されるし、日常の業務はもちろん、トラブルが起きた時の処理、企画の提案など、仕事上の判断や考え方も、自社の企業理念を軸に定めるとブレがなくなる。

だから日頃から念頭に置くことはもちろん、評価や判断に迷ったり、考えが混乱した時には、改めて企業理念に立ち戻って考え直すとよい。そういう意味では基本中の基本となる情報。忘れているようなら、すぐに確認しておこう。

企業理念の例

企業名	企業理念
パナソニック（旧松下電器）	産業人たるの本分に徹し、社会生活の改善と向上を図り、世界文化の進展に寄与せんことを期す
ソニー	クリエイティビティとテクノロジーの力で、世界を感動で満たす
ヤマハ	感動を・ともに・創る
サンリオ	みんななかよく
キリンビール	自然と人を見つめるものづくりで、「食と健康」の新たなよろこびを広げ、こころ豊かな社会の実現に貢献します
旭化成	世界の人びとの“いのち”と“くらし”に貢献します
ソフトバンク	情報革命で人々を幸せに
Sky	青空のごとく大きな考えでシステムを創る
イオン	お客さまを原点に平和を追求し、人間を尊重し、地域社会に貢献する
日本航空	全社員の物心両面の幸福を追求し、 一、お客さまに最高のサービスを提供します 一、企業価値を高め、社会の進歩発展に貢献します
日本交通公社	「観光文化の振興」を担う公益財団法人として、調査研究事業を進めることにより、観光を通じた豊かな社会の実現に貢献します。
オリエンタルランド	自由でみずみずしい発想を原動力に　すばらしい夢と感動　ひととしての喜び　そしてやすらぎを提供します
オリックス	たえず市場の要請を先取りし、先進的・国際的な金融サービス事業を通じて、新しい価値と環境の創造を目指し、社会に貢献してまいります
損保ジャパン	お客さまの視点ですべての価値判断を行い、保険を基盤としてさらに幅広い事業活動を通じ、お客さまの安心・安全・健康に資する最高品質のサービスをご提供し、社会に貢献します

9 社会人の常識・ビジネスマナーを心得る

挨拶と返事・身だしなみは基本中の基本

およそマナーを心得ずに、その社会で活動することはできない。すでに社会で活躍している皆さんは、常識としてビジネスマナーを身につけているはずだ。が、念のために軽く点検しておこう。

▽**挨拶と返事**　ことビジネスに限らず、人と交流する際のマナーとして、最も大切なのが挨拶と返事である。詳しくは6章でふれるが、朝会えば「おはようございます」、退社時には「お先に失礼します」「お疲れさまでした」は基本。例えば朝、廊下で社長に会ったとして、偉い人だから…などと遠慮して、挨拶をひかえるのは大間違いである。誰に対しても迷うことなく「おはようございます」と気持ちよく挨拶をしよう。

また最近は、親交のない相手には挨拶をしない傾向があるようだが、ビジネス社会においてはそうした分け隔ては無用である。挨拶は社会において自分の存在を表明する手段なのだ。そのチャンスを有効に活用しなければ損である。

▽**敬語を適切に用いる**　挨拶の次は会話である。気の置けない仲間同士の会話と違って、ビジネス社会においては常に適切な敬語で話すことが求められる。敬語の本質は相手を尊

敬語の常識

＊敬語には「尊敬語」「謙譲語」「丁寧語」の3種類がある。

●尊敬語　相手を尊重する表現。相手の動作や状態を敬う。

●謙譲語　自分の動作や状態をへりくだることで、相対的に相手に対する敬意を表現する。

●丁寧語　言葉の表現を丁寧にすることで、相手に対する敬意を表現する。

普通の言い方	尊敬語	謙譲語
いる	いらっしゃる	おる
行く・来る	いらっしゃる	参る・伺う
する	なさる	いたす
言う	おっしゃる	申す
聞く	お聞きになる 聞かれる	承る・伺う・拝聴する
見る	ご覧になる	拝見する
食べる	召し上がる	いただく
与える	くださる	差し上げる
もらう	おもらいになる もらわれる	いただく・賜る
思う	お思いになる 思われる	存ず

普通の言い方	丁寧語
花	お花（頭に「お」をつける）
機嫌	ご機嫌（頭に「ご」をつける）
行く	行きます（語尾に「ます」をつける）
結構だ	結構です・結構でございます （「です」「ございます」をつける）

重する心遣い。丁寧な言葉を使うのも、そのためであることを忘れてはならない。心の伴わない丁寧さは、往々にして慇懃無礼になるものだ。

その上で適切な敬語表現を、場面に応じて使い分ける。特に間違えやすいのは、尊敬語と謙譲語の表現だ。例えば、ある時電話で「〇〇部長さんはおりますか」と取り次ぎを求められ、耳を疑ったことがある。「おる」は謙譲表現なので、相手に対して使うのは大変失礼に当たる。「…いらっしゃいますか」あるいは「…をお願いいたします」と告げるべきところだ。そんな初歩的な間違いのないよう、再確認しておこう。

▽**相手と自分の呼び方**　相手および自分の呼称も、敬語と同様「相手を尊重する」という発想で慣習化している。ただし場合によっては多少の曖昧さもある。例えば、相手企業の役職者には「〇〇部長様（さん）」と、役職名に敬称をつけ、自社の役職者には敬称なしで「〇〇部長」と呼ぶのが普通だが、必ずしもそうでない場合もある。現実的には先輩や上司の表現のしかたに注意して、その場の共通理解に沿って使い分ける柔軟さも必要だ。

▽**身だしなみ**　言葉遣いとともに、相手に与える印象を大きく左右するのが身だしなみ。プライベートにおいては自己流の美意識を主張するのもいいが、ビジネス社会ではやはりTPOをわきまえる必要がある。相手に好感や信頼感を与えることがコミュニケーションの第一歩なのだから、この際「オレ流を認めてほしい」という甘えは封印しよう。

呼称の常識

＊呼称の場合も、考え方は敬語と同じ。相手を敬い、自分をへりくだった呼び方をするのが基本。

＊呼称は誰に対して話すかで違ってくる。例えば、社外の人に対しては自社を「弊社、小社」などとへりくだるが、社内の者同士では「うち、当社」など、普通の呼び方になる。状況に合わせて適切な表現を用いるように注意。

対象	相手側の呼称	自分側の呼称
当人	あなた・そちら様	私・こちら
複数	皆様	私ども
会社	貴社・御社	当社・弊社・小社
所在地	御地・貴県（市町村）	当地・当県（市町村）
意見	ご意見・ご高見	意見・私見
手紙・書類	お手紙・ご書類	手紙・書類
贈り物	お品・ご厚志・賜り物	粗品・寸志・ 心ばかりの品
両親	ご両親様 お父様・お母様	両親 父・母
祖父母	ご隠居様 お祖父様・お祖母様	祖父母
兄弟姉妹	ご兄弟様・ご姉妹様 お兄様・お姉様・弟様	兄弟・姉妹 兄・姉・弟・妹
夫	ご主人様・ご伴侶様	夫・主人
妻	奥様・ご伴侶様	妻・家内
子供	お子様	子供
息子	ご子息様・お坊ちゃん	息子
娘	お嬢様	娘
家	お宅	わが家・自宅

身だしなみの基本は清潔感である。不潔や怠惰な印象は相手に不快感を与えてしまう。だからまず、無精髭は禁物だ。歯磨き洗面をきちんとして、髪には櫛目を通す。髪染めはかなり一般的になっているが、目を引くほどの派手な茶髪や金髪などは避けるべきだろう。爪も定期的に切りそろえ、汚れのないよう。下着やシャツも毎日取り替えて、襟や袖口の汚れに注意。職場によっては背広でなくてもよい場合もあるだろうが、いずれにしても相手に不快を感じさせないよう、服装を整える配慮が必要だ。

▽エレベーターの中で　社内の立ち居振る舞いで、意外に迷うのはエレベーターの中ではないだろうか。

先輩や上司とともに乗り込む時には、すばやく操作ボタンの前に立って開閉をし、降りる時には「どうぞ」とか「○階です」などと声をかけて先に出てもらうのが常識だ。位置の順としては、一応奥の中央が上座で、戸口の方が下座になるが、混んできたら邪魔にならないように奥へ詰めよう。体の向きは戸口へ向け、別の人と乗り合わせた時は、原則的に会話は慎む。特に誰かの噂や込み入った話などはしないこと。

▽席次の常識　わきまえていないと常識を疑われるのが席次だ。会議や打ち合わせ、宴会などで席につく際、車に乗り合わせる時などにはやはり注意したい。詳しくは2章で改めてふれるが（↓70頁）、上座・下座を頭に入れておくことが必要だ。

2章

社内·社外業務の改善アクション

1 仕事の段取りをつける基本もやっぱり整理

仕事や作業をすべて書き出して整理し優先順位を決める

この章から、具体的な仕事改善の説明に入る。前章では改善策として6つのメニューを挙げたが（↓26頁）、まずは最も即効性のある「段取り」の改善から始めて、弾みをつけよう。「段取り」の悪さを改善すれば、仕事のスピードは驚くほど上がるのである。

▽**すべき作業を書き出す**　「段取り」とは、ひらたく言えば「仕事の手順」である。だから「段取りがよい」とは、「仕事の手順が合理的」ということ。次章でふれる「スケジュール管理」も、段取り手法の一つと言える。

そこで仕事の手順を考えるには、まず自分が抱える仕事やそのために必要な作業を漏れなく整理する必要がある。そのためには、すべき作業をすべて書き出すとよい。1章でも「忙しい中身」や「スピードを鈍らせる原因」を書き出したが、この「書き出す」という作業は、ものごとを整理する場合の常套手段。分野を問わず使える基本テクニックなので、迷いを感じたり、考えを整理したいと思ったら、すぐにペンを握り、あるいはパソコンに向かって、思いつく端から書き出してみよう。それを眺めて考えると筋道が見えてくる。

▽**仕事の優先順位**　多くの場合、担当する仕事は一つではないはずだ。複数の仕事を同

時に抱え、それぞれの仕事を完了するにはいくつかの作業が必要だろう。まずは、その仕事と作業をすべて書き出す。それから優先順位を考えよう。

仕事にはそれぞれ時間的制約がある。比較的余裕のあるものや、急ぎのもの、厳しく期限を切られているものなど。もちろん、急ぎの仕事を優先して進めることになるが、その他の仕事への目配りも怠れない。期限は先でも、あらかじめ進めておくべき作業もある。そういう作業は、急ぎの仕事の合間にでも入れていく必要がある。

特に仕事を依頼するための作業や、上司の判断を仰ぐ用件などは、なるべく先にすませて相手に渡してしまう。また合間にできる作業は、半端時間を当てて随時進めるなど。仕事全体に目配りした上で、優先順位を考慮して作業の手順を決める。それが段取りである。

▽必要な手間は省かない　仕事のスピードを上げるために、なるべく早く終わらせようと考えるのは道理で、そのためには徹底してムダな手間を省く。ただし、必要な手間まで省いてはかえって逆効果だ。

将棋の格言に「玉の早逃げ三手の得」という言葉がある。攻め手を焦らず、自局の玉の安全をはかるための一手を惜しまぬことが、結果として三手分の得にも匹敵するという意味。これも一種の段取りである。急ぐ時こそ、段取りをつける手間を省かず、手順に漏れがないようにする。その段取りが確実に仕事のスピードを上げるのである。

2

社内① 仕事を並行させてスピード倍増

作業の内容を漏れなく整理した上で並行させる段取りを

仕事のスピードアップをはかる場合、個々の作業を手早くして時間を短縮するのはもちろんだが、さらに複数の作業を同時に進行させることができれば、かかる時間を2分の1、3分の1と飛躍的に短くすることができる。なるべく仕事を並行させるのが、段取り上手の鉄則である。そのためにも、すべき作業が整理され、漏れなく頭に入っていることが必要だ。すべきことがしっかり把握できていれば、仕事を並行させる段取りをつけるのはそう難しいことではない。

▽1人で仕事を並行　例えば飲食店の開店準備をする場合、まずはお湯を火にかけてから、掃除や食材の下ごしらえなどをする。そうすれば「お湯をわかす」という作業と「掃除」や「下ごしらえ」が並行するわけだ。あるいはコンビニのレジで弁当を売るにしても、要領のよい店員はまず弁当をレンジにセットして温めながら、並行して会計をする。すると決済やレシートの受け渡しがすむ頃に弁当も温まって、客を待たせずにすむ。もし会計の後に弁当をレンジに入れれば、温まるまで客を待たせることになる。

その他、オフィスで多量にコピーをする場合など、コピー機を作動させておいて、その間に別の作業を進めるとか。時間のかかるバックアップやデータ出力をする場合も同様だ。このように、仕事の並行は自分自身の作業手順においても十分に工夫できる。

▽手分けして並行　別の人と手分けできれば、仕事は必然的に並行して進む。部下や同僚に作業を分担したり、他の部署と協力して進めたり、あるいは外部に発注したり。実際、仕事全体の流れを見れば、そのように分担して進めるのが普通だろう。もちろん、自分の仕事をやみくもに他人に押し付けることはできないが、分担する合理性や環境があれば、積極的に振り分けてスピードアップを図る。

▽依頼・発注作業は優先的に　人に依頼すべき仕事を、自分のところで停滞させておくのは実に効率が悪い。仕事の依頼や発注は、できるだけ速やかにすませよう。そのために準備や打ち合わせが必要なら、なるべくその作業を優先する。そうやって仕事の並行を積極的に進めるのが、要領のよい段取りなのだ。

▽相手の作業時間を確保する配慮　依頼や発注の作業を優先的に行うのは、仕事の効率だけでなく、仕事を請け負う側への配慮という意味もある。仕事の依頼が遅れれば、期限が迫って、仕上がりを急がせることになる。急がされることは相手にとって負担だし、ミスを招くもととなる。相手が作業をするのに十分な時間を確保するためにも、依頼や発注は速やかに段取りすることが必要だ。

3

社内② 同類の仕事はまとめてこなす

作業に伴う手間を最小限にとどめ作業効率を上げる段取り

要領のよい段取りのための2つ目のコツは、同類の仕事をまとめてこなして、重なる手間を省くことだ。

▽**電話・メール・手紙**　電話をかける、書類を作成、コピーを取る、他部署へ行く…。1日の仕事にはさまざまな作業が詰まっている。それぞれの作業には特有の手間が伴い、気分や集中度も異なる。ゆえに同類の作業はなるべくまとめてこなすのが効率的だ。

特に電話連絡は、相手の都合に左右される。なかなかつかまらなければ、電話をかける手間を何度も繰り返すことになる。だから相手が在社する可能性の高い朝一番の時間帯に、必要な電話連絡を集中してすませるのが要領のよい段取りだ。一方、メールや手紙など相手の都合を問わないものは、自分に都合のよい時間帯を決めて一括処理するとよい。

▽**机を離れる作業**　例えば書類を作成しながら、たびたび机を立っていたのでは気が散って進まない。机を離れる仕事はまとめてこなし、机に向かう時にはなるべく立たずにすむように集中できる段取りをする。また銀行へ行く、買い物に行くなど、外へ出る用事がいくつかある時は、用事を整理して回る順を決めれば、外出の手間を最小限にできる。

手間を省いて集中力を高める段取り

●同類の仕事はまとめてこなす

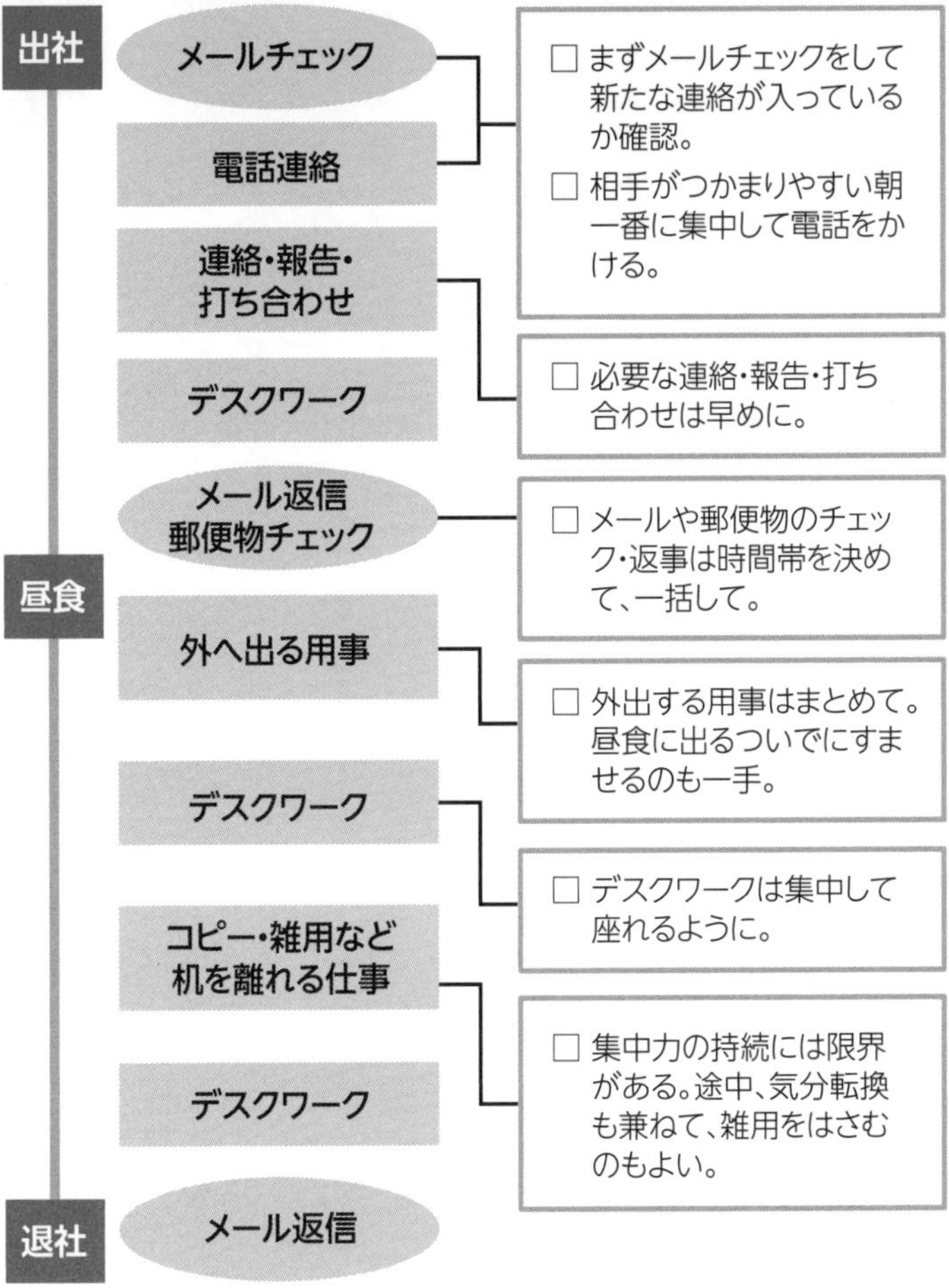
出社
メールチェック
電話連絡
□ まずメールチェックをして新たな連絡が入っているか確認。
□ 相手がつかまりやすい朝一番に集中して電話をかける。
連絡・報告・打ち合わせ
デスクワーク
□ 必要な連絡・報告・打ち合わせは早めに。
メール返信
郵便物チェック
□ メールや郵便物のチェック・返事は時間帯を決めて、一括して。
昼食
外へ出る用事
□ 外出する用事はまとめて。昼食に出るついでにすませるのも一手。
デスクワーク
□ デスクワークは集中して座れるように。
コピー・雑用など
机を離れる仕事
デスクワーク
□ 集中力の持続には限界がある。途中、気分転換も兼ねて、雑用をはさむのもよい。
退社
メール返信

4

社内③

相手に仕事を任せる時の段取り

十分な打ち合わせとこまめな報告が不可欠

仕事を並行して進行させる手法として、分担できる仕事はどんどん任せることだと前述した。仕事の進行を考える時には、なるべく自分で抱え込まず、できるだけ相手に任せるのが賢明だ。ただし、段取りが悪いとミスやトラブルを誘い、かえって面倒なことになりかねない。仕事を任せる時には周到な段取りが肝心だ。

▽仕事を任せる準備 「他人に任せるより自分でやった方が早い」と思うのは、自分がその仕事の手順や注意点、進行状況をよく心得ているからだろう。つまり相手もそれを知れば自分と同等になるのだから、まずは必要な情報を相手に知らせることだ。それが上手な任せ方の一番のコツである。そうした情報は口頭ではなく、箇条書きにして書面で渡した方がよい。書けば自ずと内容が整理され、自分でも任せた内容を確認できる。

▽相手と十分に打ち合わせる 「必要な手間を省かないことがスピードアップにつながる」と前述したが、仕事を任せる際の打ち合わせも、まさにその「必要な手間」である。忙しいからと、ろくに説明もせず押し付けておいて、あとで使いものにならないと嘆くのは、「当然の失敗」と言える。が、案外その失敗をおかしていることが多いのではないだ

ろうか。改めて「急がば回れ」を肝に銘じよう。

仕事を任せる際には必ず、相手と打ち合わせる時間を十分に取らなければならない。準備したレジュメやデータ等をよく説明しながら渡し、その仕事の進め方やスケジュール、特に納期をしっかりと確認する。そして、話の後で必ず「質問は?」と聞いて、相手の理解を助けること。なお外注する場合には、料金についても最初に話し合うべきだ。

▽こまめな報告とチェック 相手に任せたとはいえ、その仕事の責任は自分にあるのだから、こまめに報告を受けて進行状態を確認する必要がある。疑問や問題が生じた場合は、途中でも随時相談するように念を押しておこう。こちらからも機を見て「調子はどう?」などと声をかけ、軌道に乗るまで細やかにコミュニケーションをとると、ミスやトラブルを最小限に抑えることができる。

▽当初のミスは計算のうちに 自分が仕事を覚えた頃のことを思い返せば、慣れない相手が失敗をするのは、むしろ当たり前。当初のミスは最初から計算のうちに入れておこう。またそのミスを見れば、自分の説明のしかたの至らなさにも気づくはずだ。

▽任せる相手を選ぶ 誰にでも得手不得手がある。適材適所は仕事の効率を上げる鉄則だ。仕事の内容によって、任せる相手を選ぶ周到さを養おう。特に外注する場合、業者の実力をよく把握して、有能な業者に仕事を任せることは、コストにも大きく影響する。

5

社内④ 自分がいなくても仕事が停滞しない段取り

席を外す時の段取りは整理とコミュニケーションが基礎

仕事の並行は、その一部を任せるほどはっきりした形をとらなくても、日常的なコミュニケーションの範ちゅうで結構行われているものだ。例えば自分が席を離れている時に連絡が入れば、同僚や部下が代わって応えてくれるはず。つまり代わりの人が対応しやすい段取りをしておけば、自分がいなくても仕事を停滞させずにすむのである。

▽机は社員の共有物

「私の机」と便宜上呼ぶが、会社における机は私物ではない。すべて社の共有物であって、そのうちの一つを自分が管理していると考えるのが正しい。だから必要に応じて、自分以外の社員が引き出しを開けても一向に構わない。

もっと言えば、自分以外の誰が見ても、どこに何があるかすぐにわかる「机」にしておく必要があるのだ。すなわち机の上を整理し、書類バインダーには明確なタイトルを示し、引き出しにも中身がすぐにわかる見出しをつける。特に住所録、名刺ボックスなど、共有性の高いものの在処がすぐにわかるようにしておく。そして日頃から、自分がいない時に机の中のものを利用して構わない旨を伝えておくとよい。

すると自分が席を外した時に生じた用件に、別の社員が代わって対応できることが多くなる。そうなれば自分の手間も省けるし、業務全体から見ても大いに効率が上がるはずだ。

▽予測できる用件を申し送りする　外出や会議などで席を外す時、あらかじめ連絡や問い合わせが入ることがわかっているなら、席を立つ前に周囲の人に申し送りをしておくとよい。併せて、必要になる書類や用具類もそろえて、机の上に出しておくなど、代わりに対応してくれる人が迷わないような段取りをとる。

▽外出の際は予定を明確に　外出や出張の折には、出先での予定を明確にしておくことも大切だ。「何かあったらスマホにかけてもらえれば…」と考えるのは心得違い。「今どこで、いつ戻りますか?」なんて電話はムダである。また外部からの電話に「○○は○時に戻る予定です」と即座に答えるのと、モタモタするのとでは、相手に与える印象もずいぶん違う。予定が変更になった場合はその旨を連絡し、常に自分の動きを明示しておくことだ。

▽リモートワークでも　チーム内のスケジュールは共有されているはず。外出予定は知らせておき、必要な情報は共有フォルダーに置いて、不在でも支障がないように配慮する。

▽周囲と良好な関係を　予定を明確にして、変更の際はきちんと知らせる誠意は、仕事の連絡上必要なだけでなく、周囲の人とのコミュニケーションを良好に保つためにも大切なことである。また何ごともギブアンドテイク。日常的な協力関係は、頼むばかりでなく、求められた時には面倒臭がらずに引き受けて、適切に役目を果たす度量を持とう。

6

社内⑤「ミス」と「繰り返し」をしないためのメモ

すばやく正確なメモを取って確実に仕事に反映

前章で、Aさんができる同僚を観察した例でも、その同僚はメモ魔だった。すばやく正確なメモを取り、確実に仕事に反映させることは、仕事のスピードを保つために不可欠なスキルなのだ。

▽ミスを防ぐためのメモ　ミスにより一度した作業を繰り返すことほど、仕事の進行を遅らせることはない。段取りも狂うし、スケジュールの見直しも必要になる。場合によっては同僚や顧客に迷惑をかけたり、会社の信用を傷つけることにもなりかねない。

ミスをおかした原因を考えると、連絡や指示の失念、聞き違いが少なくないはず。連絡や指示を受けたその時に正確にメモをしていれば、多くのミスは防げる。同時にメモをしたまま忘れることがないように、メモを着実に仕事に反映する工夫も大切だ。次頁を参考に、日頃のメモの取り方、反映のしかたを振り返ってみてほしい。

▽作業を繰り返さないためのメモ　関係者の連絡先を調べたり、マニュアルで操作法を調べたり、一度調べたことはまた必要になることが多い。調べた情報をメモして整理しておけば、同じ調べものを繰り返さずにすむ。これが意外とスピードアップに貢献するのだ。

メモを確実に仕事に活かす工夫

●メモの内容ごとに適切な処理を

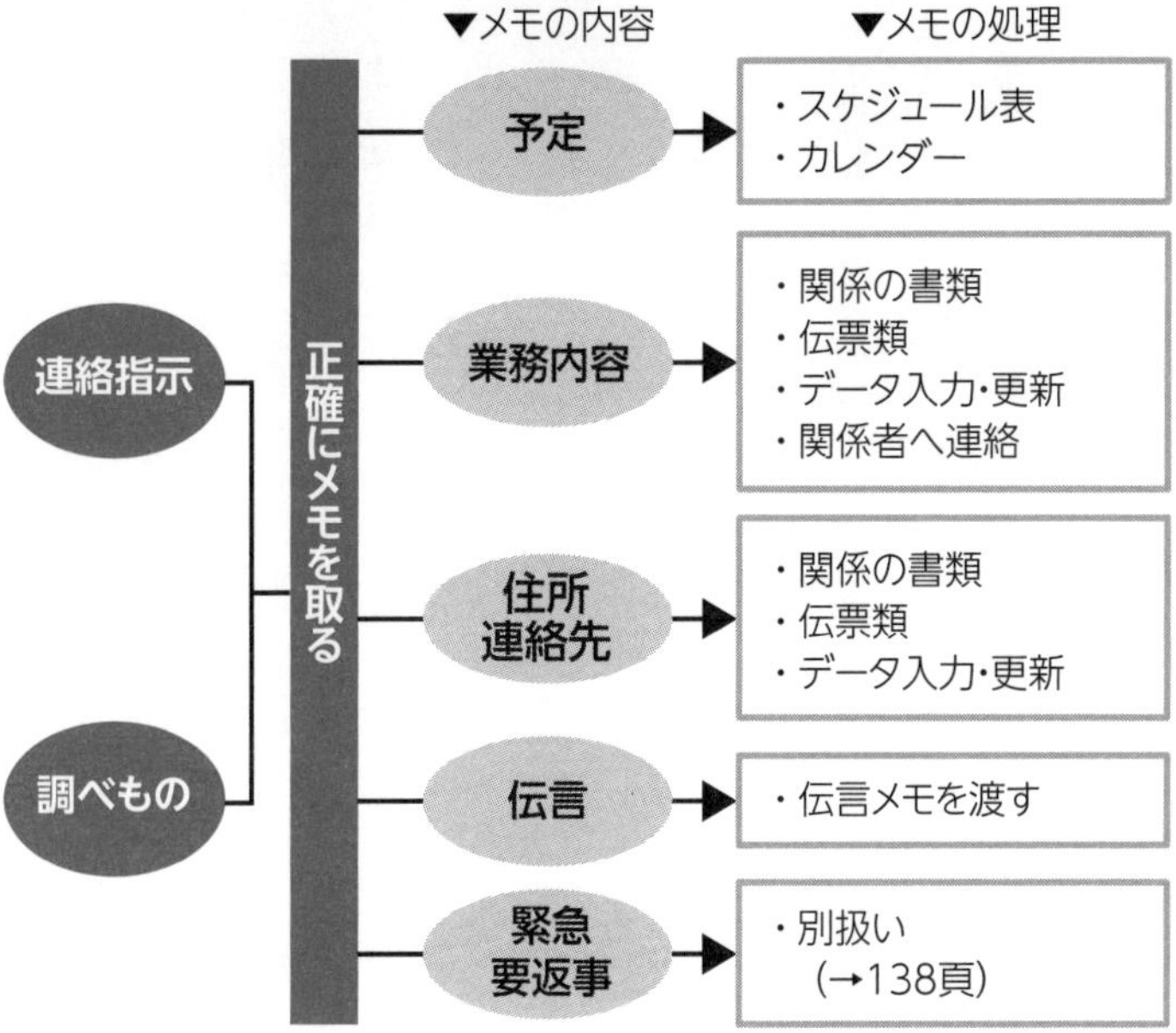

●メモを取る時の注意

＊メモは、要点を箇条書きにする。

＊場所・人・品物などの名前、日付、数量などは正確に。相手から聞いてメモする場合は、最後にメモの内容を確認。

＊メモには、日付と情報源(誰から聞いたか、何で調べたか)を書き添えておく。

＊日付等の変更をカレンダーや書類に書き込む時は、変更を受けた日付と相手の名前も併せてメモしておくとよい。

社内⑥ 会議は短時間で有効に

会議時間の短縮で密度の濃い議論を展開する

「今日は会議があるから仕事が遅れる」などと考えていないだろうか。本来、会議は仕事を進めるために開くものだ。会議の有効性をフル回転させる段取りを考えてみよう。

▽開始時間の厳守　たとえ遅れる人がいても、定刻には始めること。遅刻の人を待って開始を遅らせるのは、時間の問題だけでなく、会議の熱気をも削いでしまう。逆に時間前にメンバーがそろえば、「○分前ですが…」と始めて、その分早く終了する。

また遅刻を防ぐために、開始時間にも考慮しよう。例えば朝一番は、社内外で連絡を取り合うピークなので集まりにくい。昼一番も落ち着かない。開始時間を30分ずらせば、その時間に用事をすませることができる。

▽会議時間の設定　会議時間を長めに取ると、つい油断が出てだらだらしてしまう。短めに設定した方が、その時間内に終わらせようと緊張する分、議論の内容もしまるものだ。例えば、昼一番から30分ずらして1時半開始とするならば、1時間ではなく30分と設定して2時には切り上げるとか、2時間ではなく1時間半と設定して3時に終了するとか。そういう時間の刻み方にすると、緊張感が出てくる。

なお、会議は議事がすめばそれで完了するのだから、会議の終了時間は費やす時間の上限と考えよう。それよりも早く議事がすめば、その時点で速やかに終了する。余った時間で雑談をしたければ、それは個々のメンバーの裁量に任せ、会議自体は閉じることだ。

▽資料の読み込みは事前に　会議に必要な資料類は、事前に配布するのを原則としよう。資料の内容を長々と説明したりするから、時間がかかるのである。事前に読んでおいてもらえば、要点の補足だけですむ。それに、情報を判断するには考慮する時間が必要なのだ。会議の場でいきなり渡して、「ご意見を」と求めても充実した議論は望めないだろう。

▽不確かな情報での議論はムダ　実のある議論は、確かな情報をもとにしてこそ成り立つものだ。議論するのに情報が足りないと判断したら、「では、この件は情報を確認して後日…」とか「〇〇さん、その点をご確認の上、事務局にお知らせください。皆さんには事務局からメールでお伝えします」などと、前向きにさばくと話が前進する。

▽web会議の環境整備　ホストは早めに開始状態にしておき、参加者に余裕をもって入ってもらえば、接続に不具合があっても始まる前に対応できる。またwеb会議で重要なのは音声。声が聞きづらいと会議の妨げになる。ノートパソコンの内蔵マイクの音質が悪いなら、外付けマイクやイヤホンマイクにするとよい。音声が途切れる場合は接続を有線に切り替えたり、ルーターやアダプタを新しくしたりして通信回線を改善する。

8 社内⑦ 議事録・報告書作成をスピードアップ

作業段階からメモを取り文書にまとめる準備をする

議事録も報告書も、最初から提出することがわかっている文書である。だから準備や作業をしている段階から、文書にまとめることを意識した段取りをしておけばよい。その段取り次第で、議事録や報告書の作成は大幅にスピードアップする。

▽先に報告者を決めておく　議事録はもちろん報告書も、事前に報告者を決めておこう。報告を書くことがわかっていれば、それなりの目配りや準備もある。メモの取り方も違うだろう。終わってから「さあ、誰が書く?」と相談するのでは効率が悪いだけでなく、報告書の質にも影響しかねない。

▽書くべき焦点を定める　何においても言えることだが、特に「書く」場合は、明確に目的や焦点をしぼることが不可欠だ。文書作成を苦手に思っている人は、たいていしっかりと焦点を定めずに書こうとしている。それで難しく感じるのだ。例えばアンケートへの記入なら、すらすらと書けるだろう。なぜなら順番に質問が並んでいて、書くべき焦点が定められているからだ。文書を作成する時にも、自ら質問を設定してみればよい。

その基本はいわゆる5W1H（いつ、どこで、誰が、何を、なぜ、どのようにしたか）

という質問だ。ビジネス文の場合はもう一つ「いくらで」というHを加えて5W2Hともいう。この6つないし7つの設問に漏れなく答えれば、まず合格水準の文書になる。

さらに議事録や報告書は59頁に示すように、ある程度書式が定まっている。統一書式の用紙が設定されている場合もあるだろう。書式を定めると、情報を同じ視点で整理できるので、内容を比較分析するのにも都合がよい。

▽**議事録の内容**　一般的に議事録の内容として必要なのは、①議題、②会議が行われた日時と場所、③出席者名(肩書きも)、④議事内容、⑤議事録作成者名、⑥議事録作成日といったところだ。議事録の主要部分はもちろん、④議事内容である。その中身としては、a会議の目的や議題の趣旨説明、b報告の内容、c議論の内容、d決議事項、e懸案事項、f次回開催予定などの要素が考えられる。

▽**報告書の内容**　報告書はさまざまな活動に付随するものなので、何に関する報告なのかによって、書き方も内容もそれなりに違ってくる。が、どんな報告書でも基本は、①事実の正確な報告、②事実に関する考察の2点を書くのである。

「事実」とはすなわち報告すべき事柄だが、営業報告、調査・取材報告、あるいは研修等への参加報告にしても、aテーマ・目的、b期日（期間）、c場所、d対象・主催・参加者、e経過、f結果・成果などを整理して書くことになる。

そしてよい報告書は、「事実」の報告だけに留まらず、報告者自身の考察が書き添えられる。例えば「好評を得た」という事実だけでなく、なぜ好評を得たのか、その結果から次はどうすれば業績アップにつながるかなど、自分なりの分析や展望を示すのである。

▽A4用紙1枚にまとめてみよう　所定の用紙に書く場合は、記入スペースが限られているから要旨のみを記入し、詳細や資料などは別に添付する。所定の用紙がない場合も、同じ要領で要点のみを、A4用紙1枚にまとめてみるとよい。自ずと焦点が絞られて、ブレることなく大事な点を共有できる。

▽会議の録音や録画　会議は録音（web会議なら録画）しておけば安心だ。正確に審議の記録を残す必要があるときは、業者に依頼したり、音声認識ソフトを使ったりして文字起こしをする。が、通常の議事録であればメモや記憶をもとに作成して、確認したい箇所だけ、録音を聞き直せばよい。全部チェックし直していては時間がかかる。

▽議事録・報告書のチェック　作成した議事録や報告書は、関係者に目を通してもらい内容を確認したうえで公開したり、記録として保管したりすることになる。会議や打ち合わせの際、ホワイトボードに書き出しながら（オンラインなら画面共有してメモをとりながら）意見を出し合えば、その内容は出席者の共通認識となるので、議事録や報告書作成のスピードアップにも役立つ。

報告書作成の例

□ 報告書のテーマ、報告年月日、報告者の肩書きと氏名、提出先がある場合は宛名など、必要事項を一定の形式に則って記載する。

○年○月○日

○○部長殿

営業企画課○○○

○○関係売れ筋商品調査

1. 調査日　○年○月○日
2. 調査場所　○○屋本店
3. 概要

①＊＊＊＊＊＊＊＊＊＊＊＊＊＊＊
②＊＊＊＊＊＊＊＊＊＊＊＊＊
③＊＊＊＊＊＊＊＊＊＊＊＊＊＊＊＊＊

4. 販売実績

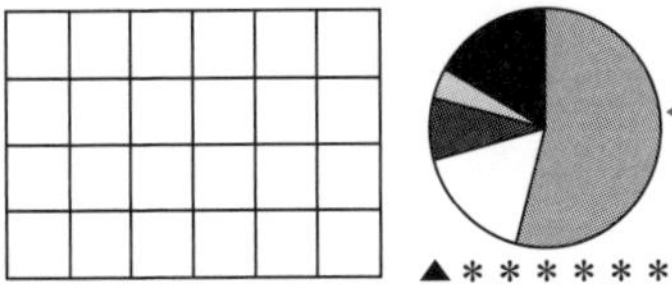

▲＊＊＊＊＊＊

5. 考察

①＊＊＊＊＊＊＊＊＊＊＊＊＊＊＊
②＊＊＊＊＊＊＊＊＊＊＊＊＊
③＊＊＊＊＊＊＊＊＊＊＊＊＊＊＊＊＊

6. 添付書類

①＊＊＊＊＊＊＊＊＊＊＊＊＊＊＊
②＊＊＊＊＊＊＊＊（＊＊＊＊）

□ 報告事項は報告内容によって異なるが、日時と場所は必ず明記。

□ 概要は要点を箇条書きにして、報告内容をわかりやすく整理する。

□ 具体的なデータがあれば、見やすく整理して提示する。

□ グラフなど、視覚化すると、より説得力が増す。

□ 必ず自分自身の考察を入れる。

□ 感想、留意点、今後の展望、企画や戦略の糸口など要点を箇条書きに。

□ 資料等がある場合には、別に添付する。

□ 詳細な報告や考察をする場合も、別にまとめて添付するとよい。

9

社内⑧ 企画書・提案書作成をスピードアップ

日常の中でアイデアや情報を振るいにかける

企画や提案は、机あるいはパソコンに向かって一から考えるものではない。文書にしようとする時には、すでに思考が練られ、材料が集められていて、それをどう書くかという段階だ。そうなっていないと「ない知恵をしぼる」ようなムダな時間を費やすことになる。日常業務の中でその段取りをしておけば、企画書・提案書はスイスイ書けるものだ。

▽企画・提案はチャンスだ　何ごとも日進月歩の世の中。顧客のニーズや好みもめまぐるしく移る。ビジネスにおいても常に新しい戦略、よりよい商品やサービスを打ち出していかなければ勝ち残れない。そのため昨今では、一般社員に対しても企画や提案を求める風潮が強まっている。これをチャンスと感じるか、負担と感じるかで、ずいぶん仕事のストレスやスピードが違ってくる。もちろん、チャンスと感じてどんどん提案するのがよいに決まっている。ではどうするか——。

▽テーマは日常の中にいくらでもある　前章でAさんが観察した「できる同僚」はメモ魔だった。彼がメモしていた内容は作業の連絡や指示だけではない。ふと気づいた業務上の問題点、解決のヒント、商品やサービスのアイデア、ひょっとしたら使えそうな情報…。

そんな思いつきやアイデアの断片をいちいちメモして、ファイリングしていたのである。ファイリングのテクニックについては4章で詳述するが、そうしてみると企画や提案につながるネタは日常業務の中にごろごろしていることに気づくはずだ。

次に、そのアイデアや耳寄り情報を、①新商品開発、②コスト削減、③顧客サービス、④苦情への対応など、普遍的なテーマと結びつけて考えてみる。するとアイデアを発展させる筋道が見えてくるはずだ。この段階で、企画書あるいは提案書に書くべき要素を念頭におくと、そのための資料収集や取材など、次にすべきことが明確になる。

▽企画書・提案書の要素　一般的に内容として必要なのは、①テーマ、②提出日付、③提出者名、④企画・提案の意図、⑤企画・提案の内容、⑥有益性（実現した時の利益や効果）、⑦実現性（実行計画や予算、原価計算の試算など）、⑧補足資料といったところだ。

中心となるのは④と⑤。なぜ今こういう提案をするのか、動機や目的を簡潔に示すことで、大いに説得力が増す。そして、提案の内容を具体的に述べる。必要なら図や写真、動画なども用いて、視覚的な工夫をするとよりわかりやすくなる。あとはメリットや実現性について、そのための予算や試算などもまじえ、なるべく具体的に述べる。

以上のような要素を満たすべく、資料や市場を調べたり、社内で意見を聞いたりして、具体的な材料を集めるのだ。この段階で方向転換したり、消滅するアイデアも少なくない。

10

社外① 相手とアポイントメントを取る段取り

電話やメールの要点を整理・相手の都合優先が基本

前項までは社内業務における段取りを考えたが、次に社外業務の段取りについても確認していこう。まずは外部の人と会う約束を取る場面である。

▽アポの電話をする前に　面談を申し入れる場合はこちらから電話をするので、かける前に会話の準備をしておこう。いくつか伝えたいことがあるなら、話しもれがないように要点をメモしておき、チェックしながら話す。口下手を自認する人は、簡単な「台本」を書くのもよい。また会うとなれば、日時と場所を決めることになるから、自分のスケジュールを確認して、希望の日時も心づもりしておく。場所は相手の所へ訪問するか、あるいは外で会うことになりそうなら、その場所の候補も考えておく。

このように準備した上で電話をすれば、話の途中で「さて、どうしましょう」と立ち往生せずにすむ。こちらから連絡しているのに、相手に「いつでもいいですよ」と言ってもらって、「えーと」と考え込むようでは、熱意のほどを疑われてしまう。

▽アポの取り方　アポイントメントをとる場合には、まず、①用件を明確に伝えて、面談の了解を得ること。その上で、②面談の日時、③場所を決めることになる。なお、面談

の日時を決める際、ある程度まとまった時間を割いてほしい場合には、「お忙しいところ恐縮ですが、2時間ほどお時間をいただけるとありがたいのですが…」などと、あらかじめ所要時間を伝えて、了解をとっておこう。

また、上司や技術者、関連業者など、自分以外に同行する者がいる場合には、そのことも伝える。知らせずに同行すると、場合によっては「聞いていない」と不信感をもたれることもある。まずはこちらの情報をきっちり開示することが、信頼関係を築く定石だ。

▽相手の都合を優先 面談の日時や場所を決める場合は、できるだけ相手の都合を優先することが基本。「いつお伺いしたらよろしいですか」「今週のご都合はいかがでしょうか」「では、来週は…」などと、まず相手の都合を尋ねる。指定された日時がふさがっている場合は、「申し訳ありません。その日はあいにくふさがっておりまして、他の日でしたらいかがでしょう」と、丁重に断って別の日時を指定してもらう。

「そちらのご都合で結構ですよ」と言われたら、「では、○日の○時はいかがでしょう」と、あらかじめ心づもりしていた日時を提案する。「ああ、そこはちょっとダメ」ということなら、別の日や時間を挙げることになるので、希望日時はいくつか選んでおく。

場所は相手の所へ出向くのが、相手にとっては最も負担が少ないはずなので、「よろしければ御社へお伺いいたします」などと申し出て、「いや、外の方がいいな」と言われれば、

「では、どちらへ参りましょう」と相手の意向を尋ねる。相手が迷うようなら、心づもりしていた喫茶店等を提案してもよいし、駅で待ち合わせるなど適当に水を向けて、やんわりと会話をリードする。そして最後に決まった日時と場所を復唱して確認し合う。

▽メールでアポを取る場合　アポに限ることではないが、件名はわかりやすく「〇〇のお打合せについて」「〇〇のご提案に伺います」など、用件を端的に示すとよい。初めてのメールなら簡単な自己紹介の後、用件を示して「よろしければ御社にお伺いいたします」と来意を告げる。「下記のご都合はいかがでしょうか」と、いくつか日時の候補を挙げておけば話が早い。アポが取れたら、「〇月〇日〇時にお伺いいたします」と確認して礼を述べ、訪問の前日には「明日〇時にお伺いいたします」とリマインドを入れるとよい。

▽アポなしで訪問する場合　アポを取って訪問すれば、相手を拘束することになるので、かえってアポなしで訪問する方がよい場合もある。例えば年末年始や転勤などの挨拶回り、または顔つなぎなど。その際は相手の営業状況をよく考慮して、店のかきいれ時など、相手が迷惑に感じる時間帯を避けて訪問する。

▽アポの返事をする場合　アポを請われることもあるだろう。会う必要がある時はもちろん、用件に興味を感じたら速やかに応じよう。スケジュール管理ができていれば即答できるはず。何ごともスピードが大切。ぐずぐずすればせっかくのチャンスを逃してしまう。

電話によるアポイントメントの取り方

●用件を伝えて、面談の了解を得る

＊初めて電話する場合は、まず自己紹介をして、それから用件を伝えて、面談の了解を得る。
＊同行する者がいる場合には、あらかじめ知らせておく。

●日時を決める

＊まず相手の都合を尋ねる。
「いつがよろしいでしょうか」「今週はいかがでしょうか」
＊指定日がふさがっている場合。
「申し訳ございません。あいにくその日はふさがっております。その日以外ではいかがでしょうか」
＊相手がなかなか答えない、「いつでもよい」と言う場合。
「では、○月○日はいかがでしょう」
＊日にちが決まったら、時間を定める。
「お時間はいかがいたしましょう」「何時頃がよろしいですか」

●場所を決める

＊まず相手の所へ出向く旨を申し出る。
「よろしければ御社へお伺いいたします」
＊相手が自宅にいる場合。
「お近くまで参りますが…」
＊相手が外で会いたい意向の場合。
「では、どちらにいたしましょう」
＊相手がなかなか場所を指定しない場合。
「御社の近くに○○ホテルがございますが、その1階の喫茶室ではいかがでしょうか」
「では、最寄り駅でお待ち合わせいたしましょうか」

●約束事項の確認

「では、○月○日○曜日、午後○時に御社へお伺いするということでよろしいですか。どうぞよろしくお願いいたします」

11 社外② 相手を訪問する段取り

時間厳守・準備は早めに先を読んで用意する

訪問の目的を果たし、相手との話をうまく展開させるにも、やはり段取りが必要だ。アポを取ってから間があいた場合は、メールなどでリマインドを入れるとよい。また会ってどういう話をするのか、その時に何が必要か、先を読みながら準備しておこう。

▽**時間厳守は鉄則**　何ごとにおいても約束を守ることは基本だ。人と会うときには、第一に約束の時間を厳守すること。まして初対面で遅刻をすれば、著しく信用を失う。場合によっては、肝心の話ができなくなる恐れもある。

相手の勤務先や自宅を訪ねる場合は余裕をもって到着し、5分前には到着の旨を知らせたい。外で会う約束をしている場合には、15分ぐらい前に着いて準備しておくとよい。たとえ遅刻ではないにしても、すでに相手が待っている所へ「お待たせしました」と慌てて駆け寄るのでは、余裕のある対応がしにくい。先に来て待っている方が心の準備も整い、リラックスして自分のペースで話を進められるものだ。

▽**話すべき事項の確認**　訪問の用件については、伝えるべき用件や質問したいことなどをメモしたり、相手からの質問や返事を予測して、その場合の対応を考えてみるなど、あ

る程度面談の展開を予測して作戦を練っておくとよい。準備をしておけば、その場でより落ち着いた対応ができる。

また初対面の場合には自己紹介が必要なので、自社の業務内容も含めて、簡潔に要を得た紹介ができるよう考えておくとよい。併せて、相手についても事前に調べて、基本的な知識を頭に入れておこう。話の中で相手企業の優秀さや、その人自身の仕事の評判などについて、当然存じておりますという雰囲気でふれれば、相手だって悪い気はしないだろうし、「よく勉強している熱心な人だ」と、信頼を高めてくれるはずだ。

▽**資料など持ち物の確認**　用件に必要な資料や書類は、余裕をもってもれなく用意すること。出がけにバタバタとそろえると、忘れたり間違えたりしやすい。いつ用意してもかかる時間は同じなのだから、午前中に出かけるなら前日、午後に出るなら朝というように、余裕をもって用意しよう。例えば準備し忘れたものに気づいた時など、直前では手配し切れないこともある。時間的余裕があれば対応できるはずだ。

その他、名刺や手帳、携帯、財布、ハンカチなど、常に持ち歩くべき七つ道具も、不備なくそろっていることを確認しよう。

▽**席を離れる段取り**　出かける前に、自分がいない間に仕事が停滞しないような段取りをとっておくことは、前述した通りだ（↓50頁）。

12 社外③ 出張を効率的にする段取り

出張の目的を確実に果たした上でプラスαも

出張の場所や頻度によって状況は異なるが、いずれにしても普段の外出以上に準備が必要だ。また、遠隔地への出張は見聞を広めるチャンスでもある。

▽アポとスケジュール管理を確実に　相応の時間と交通費をかけて出向くので、期待通りの効果を上げられるよう、普段にも増して周到な準備が望まれる。相手とのアポは確実に。時間や場所もはっきりと決めて、電話でのアポ内容をメールで確認しておくなど、手違いがないようにする。

出張する用件についても、可能な限り事前に連絡を取り合って、面談の要点をしぼり、必要な資料などももれなくそろえる。現地で見学や案内などを頼みたい場合は、あらかじめその旨を依頼して段取りを整えておく。相手の都合も配慮して、連絡は早めに。

「せっかく行くのだから」と、ついでの用件なども加えて、ついスケジュールを詰め込みたくなるが、慣れない土地で予想以上に手間取ることもある。主な目的を確実に果たすことが第一なので、スケジュールにはある程度余裕をもたせた方が無難だ。

▽準備・携帯品リスト　移動の交通機関や宿泊先の手配など、事前準備は周到に。その

際に気づいた点をメモしておくとよい。次回の出張で参考になるはずだ。同様に、用意した携帯品もリストアップしておく。用意し忘れて現地で購入した物も、そのリストに加えておけば、次回はもれなく効率的にそろえることができる。

▽移動時間の有効活用　遠隔地へ行く場合、電車や飛行機などに長時間乗ることになるし、待ち合わせ時間などもあるだろう。目を通したい資料を準備し、録音・録画などのファイルを、スマホやタブレットで共有しておけば、移動時間も有効に活用できる。

ただし、あくまで公共の場にいることをお忘れなく。ノートパソコンのキーボードを打つような作業は、他人のいないコンパートメントなどに限ること。周囲の人たちに迷惑をかけない配慮は、どこにいても常識だ。

▽見聞を広めるチャンス　もちろん出張は観光旅行ではない。その点を踏まえた上で、せっかくの機会を有効に活用して、大いに見聞を広めよう。事前に、当地の歴史や観光スポット、特産品、料理などを調べておくとよい。

それで挨拶や歓談の折に「ご当地の〇〇はとても有名ですね」などと水を向ければ、現地ならではの情報を教えてくれるだろう。また、自分の郷土に関心を寄せてもらえるのは嬉しいのが人情なので、話のはずみにもなる。出張日を休日の前後に設定できれば、自腹で宿泊して当地の名所を回ったり、街を探索して歩くのも面白い。

13

社外④ 接客・接待を成功させる段取り

相手を思いやる心を基本に準備を整え対応する

相手を自社に迎えたり、接待をすることもあるだろう。気持ちよく迎え、適切な接待をして成果を上げるためにも段取りは欠かせない。席次等のマナーを心得るのはもちろんだ。

▽**事前の段取り**　あらかじめ面談の日時を決めて、資料など必要なものがあれば準備をしておくのは、訪問する場合と同様。こちらが日時を選べる立場なら、自分の都合ばかりでなく、相手にも配慮して時間を決めること。例えば午後1時に約束すると、相手は昼休みをつぶすことになるし、終業時間ぎりぎりでは残業を強いることになる。

また招く立場としては、相手と面談する場所を考えておこう。応接室の予約が必要な場合は、日時が決まった時点ですぐに確保する。相手に対しては、「いらっしゃいましたら、1階の受付で呼び出してください。すぐに降りて参ります」とか、「ご足労ですが、直接○階の○○部までいらしてください」などと、来社してからのことも伝えておくと親切だ。

▽**待たせない・追い出さない**　来訪者を待たせない配慮は当然だ。約束の時間が近づいたら、仕事の切りをつけて、すぐに立てるように準備しておく。大切な相手にご足労願った場合には、約束の時間前に1階に降りて、相手の到着を待つ気遣いがあってよい。

応接室・応接コーナーの席次

●応接室の席次

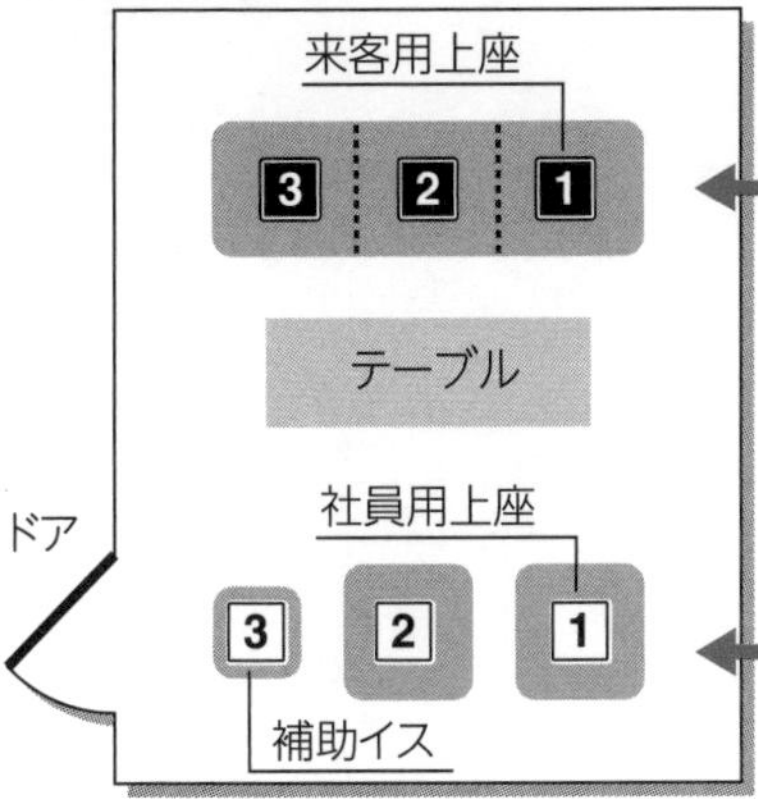

＊長イスは来客用。
＊ドアに遠い方が上座。
＊通常部屋の奥に設置されるがドア側に設置されていても同様。

＊1人掛けイスは社員用。
＊補助イスが必要な場合は最もドア側に置いて、最末席とする。

●応接コーナーの席次

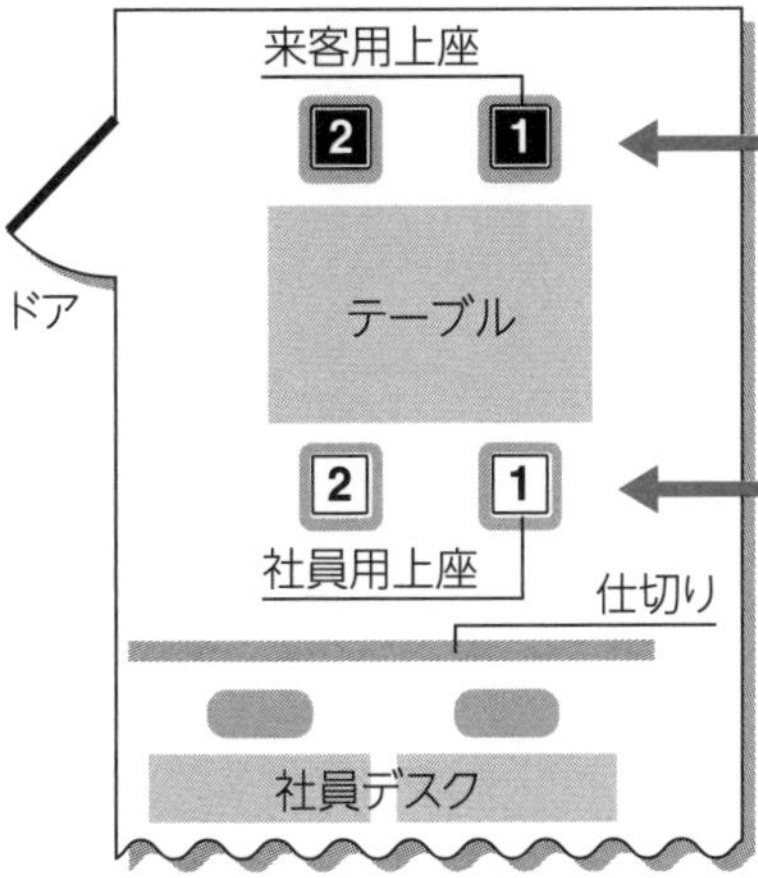

＊社員のデスクから遠い方。よりドア側に近く出入りをしやすい方が来客用。
＊ドアに遠い方が上座。

＊社員のデスクに近い方が社員用。デスクを立ってよりスムーズに席に着ける。

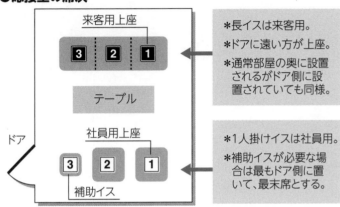

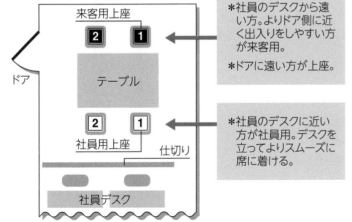

そして面談を終わる時には、相手が帰る仕度をするのをゆっくり待つ。あからさまに時計を見たり、さっさと立ち上がったり、相手を追い出すような態度を取ることは禁物。

▽案内の配慮　1階から面談室に案内する際には、相手より若干先に立って先導する。エレベーターでは先に乗って「開閉」ボタンを操作し、客人には奥に乗ってもらう。該当階に着いたら、「開」ボタンを押しながら先に降りてもらう。

部屋に入る際、ドアが手前に開く場合には、開いておいて先に入ってもらうし、ドアが向こうへ開く場合には、先に部屋へ入ってしまって、ドアの内側から相手を招く。それから、相手の座るべき席へどうぞと誘導する。席次については前頁、次頁を参照してほしい。

▽面談中の態度　すでに相手が通されている部屋へ入る場合には、軽くノックをして一呼吸おいてドアを開ける。自社であっても気を緩めず、面談中に足を組んだり、腕組みをしたりしない。

▽接待の設定　相手を招いて接待する場合、あらかじめ食事や飲酒の好みを聞いて、相手に合わせた準備をする。場合によっては夜よりも、昼食の接待の方が喜ばれることもある。レストランで個室をとれば、昼食を取りながらゆっくり話ができて、相手にも余分な時間をつぶさせずにすむ。あるいはゴルフや麻雀、遠方からの来訪者には観光案内など、相手の趣味や事情に合わせて、より効果的な接待を心がけよう。

宴席・車内の席次

●日本間の席次

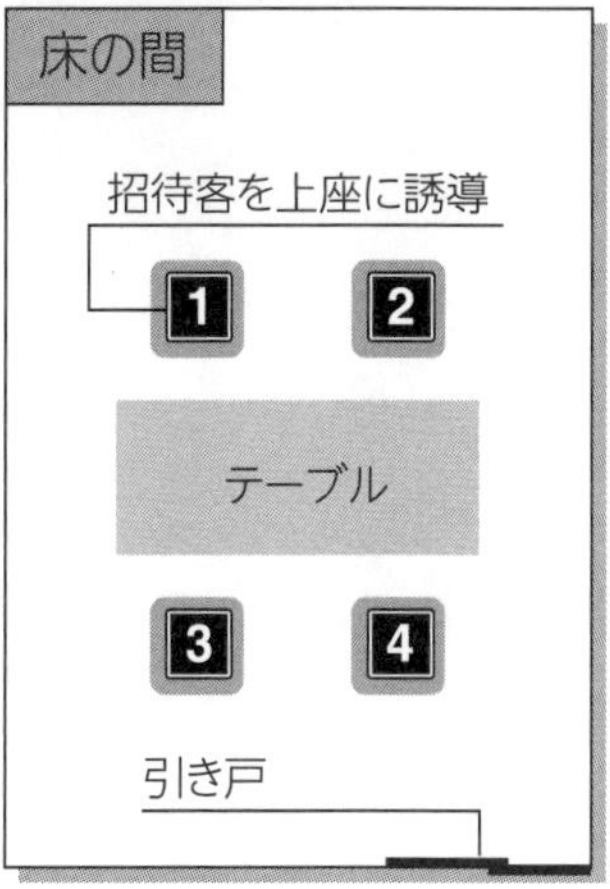

●テーブルの席次

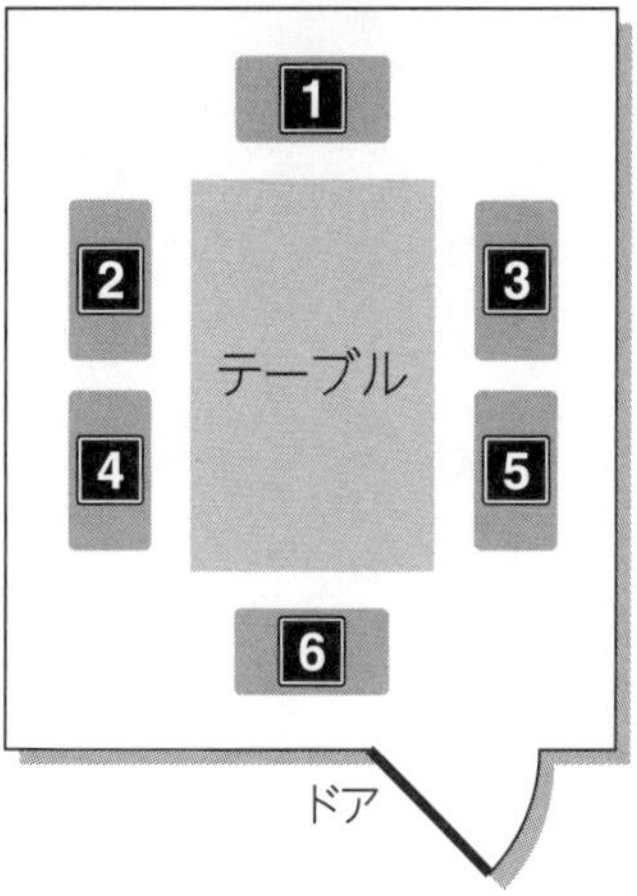

●円卓の席次

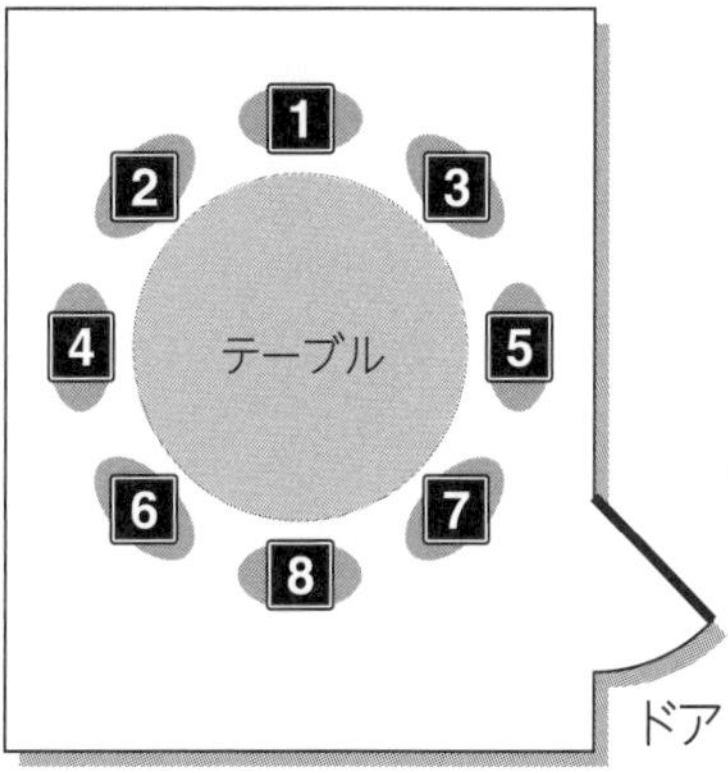

●車内の席次

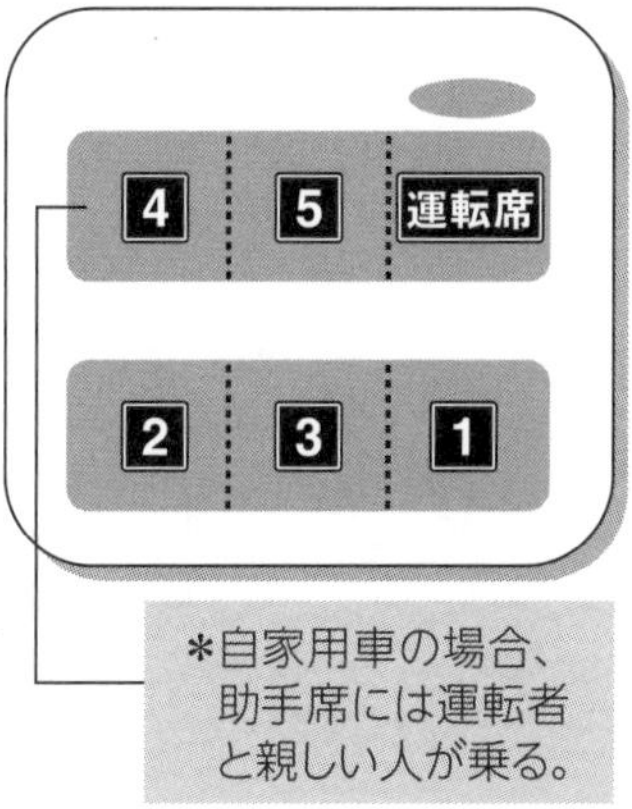

14 社外⑤ 通勤時間・昼休みを有効に活用する

隙間時間の有効利用が仕事のプラスαになる

仕事の効率を上げるためには、時間の活用度を上げ、ボンヤリとムダに過ごす時間を極力排除することだ。職場で業務に携わっている時だけでなく、通勤時間や昼休みも勤務時間のうちと考えて、活用度を再点検してみよう。

▽通勤時間の活用　通勤時間は、もちろん勤務時間ではない。とはいえ、勤務のために移動しているわけだから、電車に乗り込んだら仕事モードに切り替えて有効に過ごそう。ましてや長距離通勤の場合、片道1時間以上を車内で過ごすことも珍しくない。逆に考えれば、毎日規則正しく1時間以上の時間が確保できるのだから、日課を決めて励めば効果が期待できる。本やニュースを読むのはもちろん、SNSの更新や、スマホで創作をするのもいい。イヤホンで音楽を聴いたり、語学学習の時間に当てる手もある。

満員電車ではスマホの画面を見るのも困難だ。そんな場合はイヤホンで聴くのがよい。語学アプリを聞き流すなど、身動きがとれなくてもできるだろう。立ったまま、居眠りをすることもできない状況なので、自ずと集中力も上がって、案外学習向きの環境ではないだろうか？　音漏れに注意すれば周囲に迷惑もかからない。

▽**昼休みの活用**　昼休みもまた、毎日決まってとれる時間だ。社内で弁当を食べるのもよいが、むしろ外食して、ついでに周囲を散策することをお勧めする。街並みや道行く人たちを観察すれば、「へえ」と気づくことがいろいろある。そんなことが企画のアイデアや、問題解決の糸口になることもあるだろう。

また注意して観察すれば、都会の真ん中にも意外に自然があるもので、季節の移り変わりを実感しつつ風情を感じてみるのもよい。あるいは書店に立ち寄って棚を眺めたり、趣味の店に入って楽しんだり、仕事とは違う部分の脳を動かすことで、頭と心をリフレッシュすれば、午後からの仕事にも勢いがつくというものだ。

オフィスが繁華街にあれば、外食の店もたくさんあるだろう。順番に試してみて、採点表やグルメ地図を作ってみるのも面白い。高級レストランもランチタイムなら意外に安価に利用できたりする。同僚とも情報交換して周辺の店を熟知すれば、打ち合わせや接待などに使える店も把握できて一石二鳥だ。

▽**待ち時間の活用**　相手が約束の時間に遅れて待たされたり、電車・バスなどで思いの外待たされたり、打ち合わせが早く切り上がって次の約束まで時間が空いたり。そんな予定外の隙間時間のために、いつでも本や資料を見られるようにしておけばムダがない。「それなら、ちょうどいい」と思えば、ストレスとも無縁だ。

15

社外⑥ ミスやトラブルの処理こそスピードが大事

トラブルには正確な状況把握とスピーディーな善後策

人間がすることには間違いや失敗はつきもの。仕事をしていく中では当然ミスやトラブルも起きる。その時に大切なのは、すばやく善後策を講じること。特にそのスピードが、大きく明暗を分けることになる。

▽ミスやトラブルに対する姿勢　間違いや失敗は誰にでもあることなので、ミスをおかしたとしても必要以上に落ち込む必要はない。どうしてミスをおかしたのか、どこで間違ったのかを確認して、次からは間違わないように対処することが大切だ。

上司や同僚からミスを指摘された場合は、まず相手の指摘をよく聞いて、指摘された内容を正確に理解する。それで自分のミスとわかったら、素直に認めてきちんと改めること。

その場合、「確かに私がミスをしました。わかりました。これからはご指摘のように改めます」と、もちろんこれだけでも話は通じる。が、ミスはたいてい周囲に悪影響を与えるものだ。仕事が滞ることはもちろん、顧客に迷惑をかけたり、クレームを受けて上司が謝罪したりと、いろいろ支障をきたしているはず。やはり「申し訳ありません。ご迷惑をおかけしました」という程度の謝罪をするのが自然な流れだろう。あまりケロッとした態度でいると、「責任の自覚があるのだろうか」と不信感を持たれる恐れもある。

▽二度と繰り返さない方策を　ミスは周囲に迷惑をかける上、仕事のスピードを遅らせる最大の原因だ。二度と同じミスを繰り返さないための改善策を、すぐさま講じよう。例えば連絡先や日付、価格など、資料や書類の記載が間違っている場合には、時を移さず訂正する。器具や設備の不具合が原因なら、修理するか取り替える。ミスの原因を取り除く作業はぐずぐずせず、即座に行うこと。

また手順や作業を間違えた場合は、その点をメモして目につくところに貼っておくとよい。あるいはチェックリストを作り、指摘されたミスも項目に加えて、提出や納品前に必ず確認するなど、点検システムを工夫する。

「仏の顔も三度まで」と言うが、仕事では「一度」のミスで確実に改善することが必要だ。同じミスを繰り返せば評価を落とし、信頼をなくすことにもなりかねない。

▽トラブルの善後策は速やかに　ミスや不手際がもとで、顧客や取引先からクレームがきたり、相手とトラブルになった場合は、さらに速やかな善後策が求められる。例えば納入した商品が間違っていたとのクレームがあれば、すぐに伝票を確認し、こちらのミスとわかれば謝罪して、即座に商品の交換を行う。可能なら、その日のうちに交換に出向くくらいの誠意がほしい。その日が無理なら、いつまでに交換できるのか、はっきりと期日を

伝えて了解を得る。また交換の際に改めて謝罪するなど、迷惑をこうむった相手の心情に十分配慮することが大切だ。速やかな対処はその配慮の最たるものなのである。

▽トラブルの内容は正確に報告　トラブルに発展した場合はもちろん、その兆しがみえた段階でも、気づいたことは速やかに上司に報告しよう。誰しも自分に都合の悪いことは言いにくいものだが、報告は事実をゆがめず正確にすることが鉄則。

この報告にもスピードが必要だ。自分では「大したことはない」と思っても、大問題に発展する火種をはらんでいるかもしれない。経験豊富な上司の判断を仰ぐことで、問題を未然に防ぐこともあるだろうし、その後問題がこじれた場合にも、情報が早ければ慌てず対応できる。

▽対処次第でチャンスにも　もちろん、ミスやトラブルはないに越したことはない。その上で、「災い転じて福となす」「雨降って地固まる」ということもあり、ミスやトラブルも対応次第でプラスにすることが可能だ。

例えば、クレームをつけた顧客が対応の誠実さに、かえって信頼を深めてくれることもあるし、小さな失敗のうちに改善策を講じたおかげで、大きな失敗を予防できたということもある。あるいは一致団結してトラブル処理にあたったお陰で、部内の業務システムの問題点を一気に改善できたなど。そのためにもスピーディーな対処が求められるのである。

3章
スケジュール管理をする習慣

1 スケジュールは仕事を具体化する

人生展望まで視野に入れて真剣なスケジュール管理

本章ではスケジュール管理のノウハウを整理しながら、日頃のスケジュール管理について再確認してみよう。

▽**時間を軸に仕事を具体化する**　新しい仕事を依頼された場合、その仕事が期限内にできるか、採算がとれるのか。その見当に迷ったら、まずは全作業を洗い出して、それぞれどの程度の時間を要するかを算段しながら、スケジュールを立ててみる。つまり時間を軸に仕事の作業を割り振るわけだ。すると仕事の全貌を具体的につかむことができる。

仕事の内容を具体的に把握してはじめて、納期に間に合うのか、社内だけで対応できるか、専門業者と提携する必要があるか、採算は合うのかなど、評価や判断をくだすことができる。そもそもスケジュールが立たない仕事は成立しないのである。これは日常業務においても同様だ。どんな仕事もスケジュールなしに把握することはできない。

▽**仕事を人生に位置づける**　スケジュールによって具体化するのは仕事だけではない。人生展望もまたしかりだ。自らの人生展望に積極的に仕事を位置づけよう。そこまで視野に入れてこそ、スケジュール管理への意欲は俄然燃えてくるのだ。

人生展望の中に仕事を位置づける

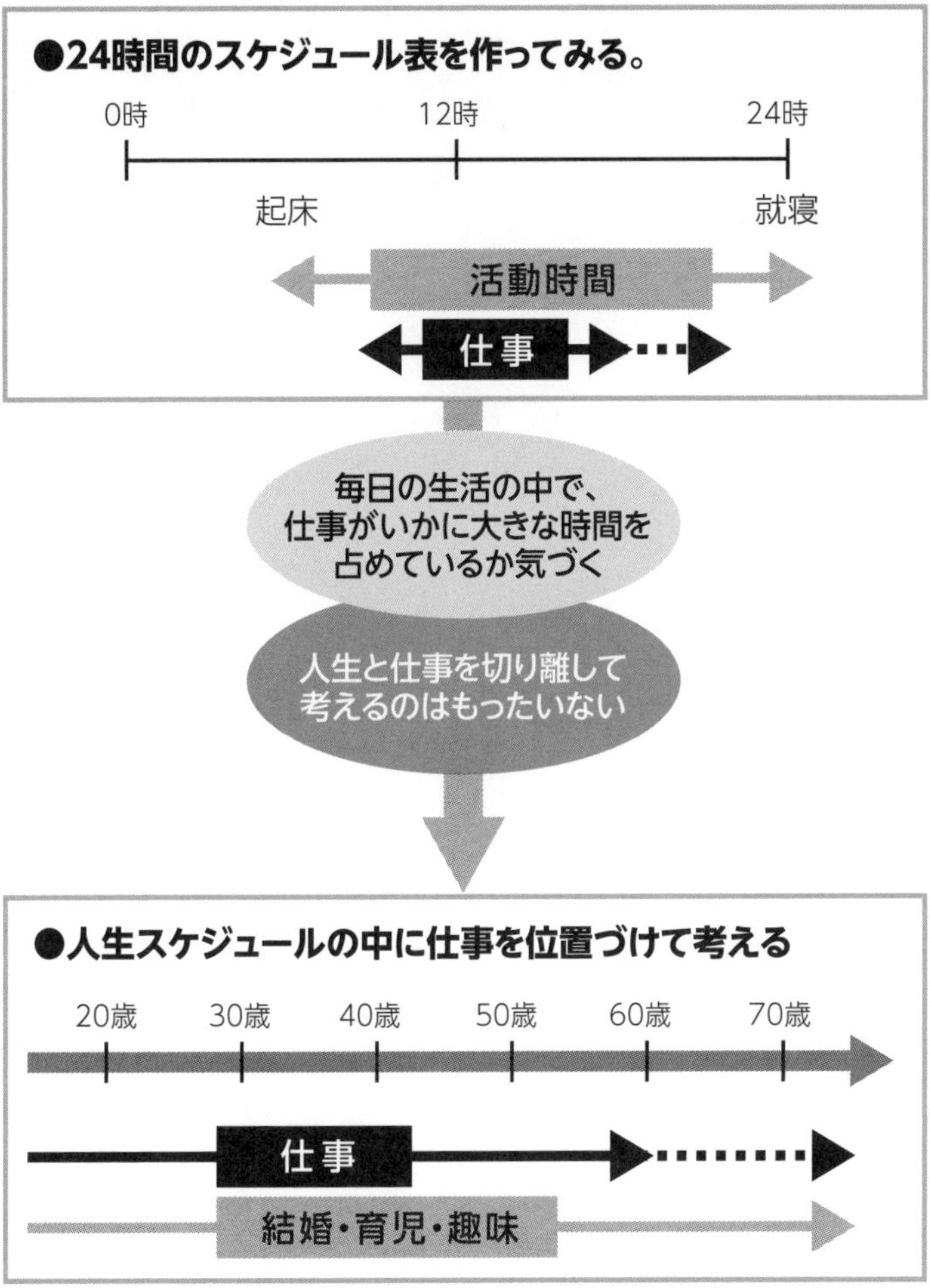
●24時間のスケジュール表を作ってみる。
0時
12時
24時
起床
就寝
活動時間
仕事
毎日の生活の中で、仕事がいかに大きな時間を占めているか気づく
人生と仕事を切り離して考えるのはもったいない
●人生スケジュールの中に仕事を位置づけて考える
20歳
30歳
40歳
50歳
60歳
70歳
仕事
結婚・育児・趣味

2

仕事のスケジュールは期限から逆算する

仕事の期限を厳守するためにスケジュール管理は必須

仕事には必ず期限がある。「締め切り」「納期」などと呼ぶこともあるが、要するに仕事を終わらせる期日。その期限を間違いなく守るために、スケジュールを立てるのだ。

▽期限のない作業は仕事ではない　まじめで努力家のCさんは、どんな仕事もコツコツとていねいに取り組むのに、なぜか評価が低い。その理由は彼があまりにマイペースであるためだ。「期限さえなければどんな仕事も楽しいのですが…」と無欲に笑うCさん。世間一般は知らず、ビジネス社会において、このタイプは絶対に評価されない。

そもそも期限を定めない作業は仕事ではない。仕事とは、利益を生み出すための作業なのだ。いつ利益になるのか定まらないような作業は仕事とは呼べない。それは社内的な仕事でも同様だ。仕上がりがいつになっても困らないような作業は、裏を返せば必要性がないわけで、すなわち仕事ではない。期限を意識しないCさんの勤務態度は、趣味や道楽のレベルであって、仕事になっていないのである。ゆえに評価が低いのは当然なのだ。

▽まず期限を確認　例えば上司からの指示でも、あるいは取引先からの受注でも、仕事を受ければほとんど反射的に「期限はいつか」と頭に浮かぶのが、ビジネスマンとして当

然の意識だ。もちろん仕事を頼む側も同じことで、「今日の3時までに」とか「今週中に」などと期限を切るのが普通。もしその点が明確にされない場合には、受ける側から「いつまででしょうか」「今週中でよろしいですか」と確認する。「はい、承知しました」という返事は、その期限が守れる算段がついた上でしなければならない。すぐに判断できない場合は、スケジュールを確認する時間をもらおう。

▽スケジュールは期限から　仕事は期限厳守だから、スケジュールを立てる際もまず期限を記入する。その期限から逆算して、いつまでに何をしなければならないかを割り振ってみる。すでに進行している他の仕事との兼ね合いも図らなければならない。

逆に「いつまでにできますか」と尋ねられた場合は、その他の仕事の進行に支障をきたさない範囲で、なるべく速やかに作業を終えるようにスケジュールを組む。この場合は逆算ではなく、作業手順にそって期日を定めればよい。

▽締め切りを決めるとエンジンがかかる　中には「いつでもいいよ。急がないから暇を見てやっておいて」などと指示される時もあるだろう。そういう仕事は優先順位が下になるのは当然だが、そうかと言って期限を定めないと、手つかずのまま忘れることにもなりかねない。無理のないところで期限を定め、「○○まででよろしいですか」と確認した上で、スケジュール上に載せる。締め切りを定めてはじめてエンジンがかかるものだ。

3 仕事の要求レベルとスケジュール管理

要求レベル以上の手間をかけるのは時間のムダ

仕事を受ける時、期限とともにもう一つ確認すべきことがある。どの程度の仕上がりが要求されているかということだ。要求レベルによってスケジュールの組み方も違ってくる。

▽**仕事の要求レベルを確認**　例えば報告書を作成するにしても、定型用紙1枚にまとめる程度で十分なのか、もっと詳細な記載が必要なのか。やろうと思えば、写真やグラフなども添えて説得力を持たせ、資料やサンプルを添付して信憑性を高めるなど、いくらでも充実させられる。が、その分時間もコストもかかるわけで、必要以上に立派なものを仕上げるのはむしろムダである。

程度の差こそあれ、この手のムダをおかしていることが案外少なくない。「仕事の要領が悪い」と感じたら、要求以上の手間をかけていないか、日常業務から点検してみよう。

▽**時間・対価との兼ね合い**　仕事の要求レベルは期限や対価とも関連する。厳しく期限を切られて時間的余裕がない場合は、間に合わせることが最優先なので、できる範囲で最良をめざす。また高い要求レベルに応えるには当然コストがかかる。が、そこまでの対価が望めない場合、コストを下げる工夫をしつつ、要求レベルと対価を調整する。

要求レベルを確認してスケジュール管理

●仕事の要求レベルに従ってスケジュールを立てる

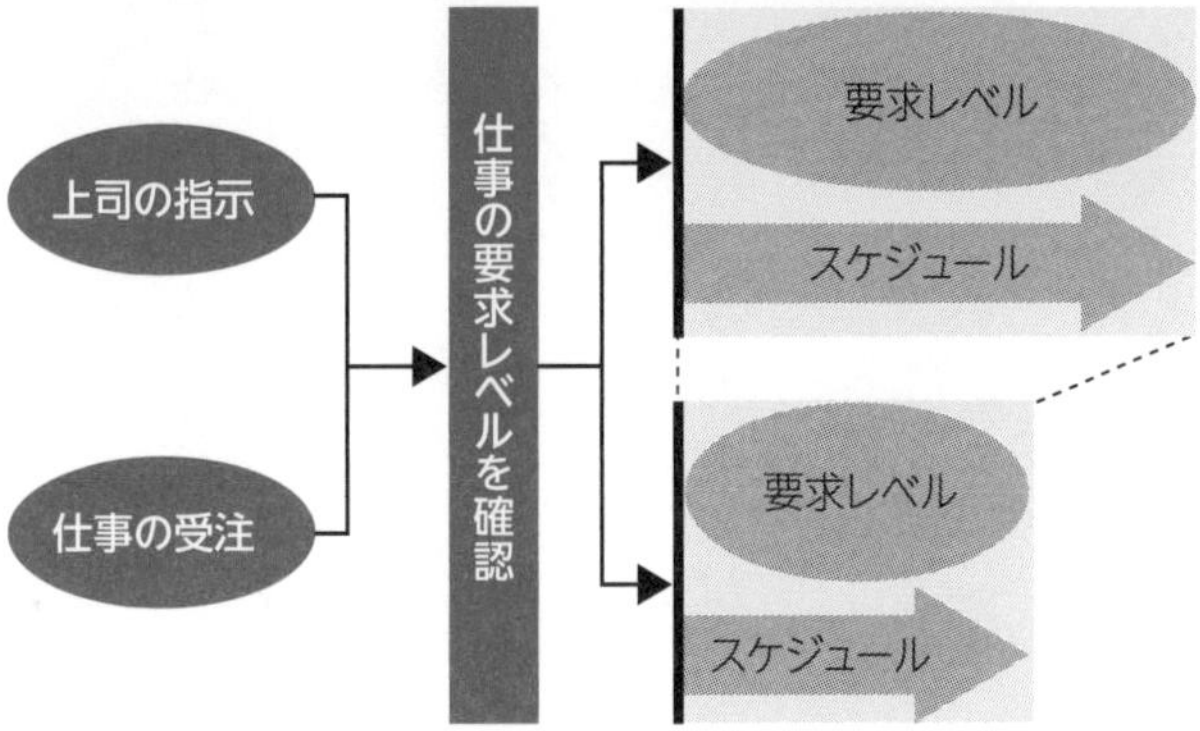

●要求レベル・対価に合った適正な仕事をめざす

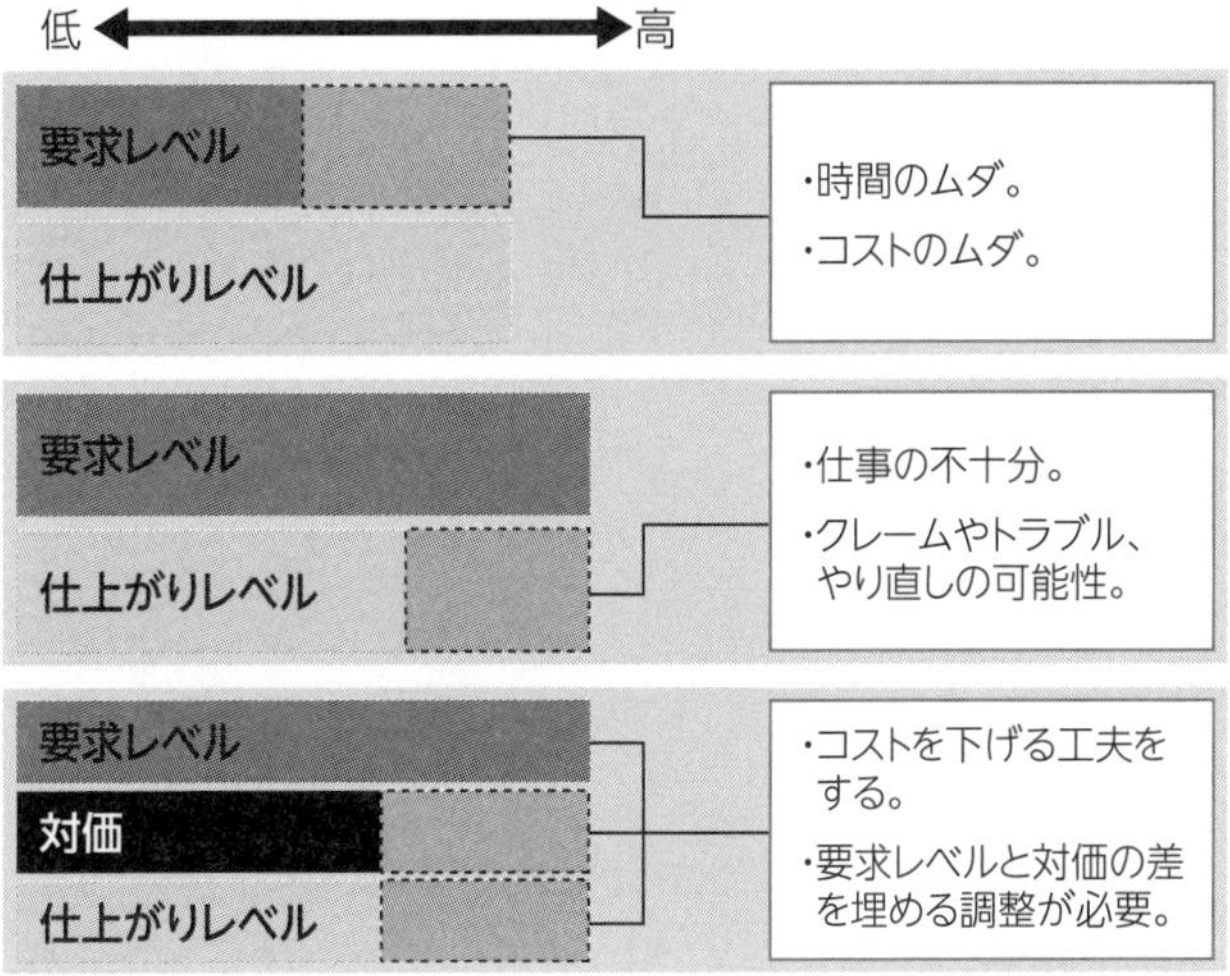

4 仕事の並行スケジュール表を作ろう

優先順位を考慮しつつ全仕事の作業を並行して割り振る

いくつかの仕事を抱え、それぞれに厳守すべき期限があって、さらに日々新たな予定が入ってくる。それがビジネスマンの日常で、だからこそ「忙しい」のである。それぞれの仕事をうまく案配し、並行して進めることが求められる。

▽並行スケジュールを一覧表にまとめる　仕事の全体像をつかむためには、各仕事ごとのスケジュール表では足りない。すべての仕事の進行を一覧できる並行スケジュール表を作成してはじめて、まず何から手をつけて、どういう順番で作業を消化していったらよいのか、具体的な手順が見えてくる。並行スケジュール表は、89頁に示すように、日にちの進行を軸にして、担当する仕事を並べて整理する。各仕事の完了（もしくは区切り）まで書き込むので、恐らく数カ月にわたるだろう。スケジュール表は自作してもよいし、アプリやテンプレートも利用できる。

日にちの行を見れば、その日に何をするかがわかるので、いくつかの仕事の作業が容量を超えて重なっていたり、会合と出張が重なっているなど、スケジュール上の無理がすぐにわかる。こうして全体の仕事を見通しながらスケジュールを組めば、後で約束を変更したり、直前になって期限が守れないと慌てたりしないですむ。また期限が1カ月、2カ月と先に設定されていると、余裕があるような気がしてしまうが、他の仕事の進行も考慮すると、実は余裕どころか、かなり急がないと間に合わない状況に気づくこともある。

▽追加・変更をメモして反映　上司や取引先等から、仕事の追加や予定変更の指示を受けたら、速やかにスケジュール表と付き合わせて、支障がないかどうかを確認する。指示や連絡の内容はすぐにスケジュール表に書き込み、必要であればスケジュールの調整を行う。それで調整しきれない場合には、相手や上司と相談することになる。

▽スケジュールに破綻が出たら　並行スケジュール表を作ると、自分1人でこなせる仕事量がはっきりする。期限厳守とはいえ限界があるので、スケジュールの破綻を見つけたら、上司や取引先に相談して手を打たなければならない。その場合の選択肢としては、次の3つが考えられる。

①人手を増やす　自分だけでは納期に間に合わないとなれば、部下や同僚、アルバイトの応援を頼んだり、外注したりしてスピードアップをはかる手がある。そうすれば仕事の要求レベルを保って、期限内に仕上げることが可能だ。が、コストが増える。

②要求レベルを下げる　仕事の内容やコストの面で、手分けができない場合もある。しかも期限厳守は絶対に譲れないということになれば、仕事の要求レベルを下げてもらうし

かない。仕事の工程を減らすとか、取りあえずできたところまでを納品するとか、関係者と相談しながら妥協できる線を探る。

③期限を延ばす　手分けもできない、要求レベルも下げられないとなれば、あとは期限を延ばす以外に手はない。いつまで期限を延ばせるのか、あるいはいつまでになら仕事を上げられるのか、お互いの状況や事情をよく話し合って、確実に守れる期限を決め直す。

▽クラウドでチームのスケジュールを共有　部内でチームを組んで仕事を進める場合は、自分だけでなくチーム全体のスケジュール管理が必要だ。それにはクラウドで共有するのが便利。社内のサーバーを利用する手もあるが、クラウドなら自宅や出先でもアクセスできる。チームのタスクリストやスケジュール表を、クラウド上のストレージに置いて共有し、各メンバーがそれぞれ記入して、全体の予定や進捗状況を一覧する。もし予定が重なっていれば相談して調整するし、１人が過重なタスクを抱えてボトルネックになっていれば手分けをするなど、作業の効率化が図れる。

仕事の進行とともに、新たなタスクやトラブルが発生するなど状況に変化があれば、スケジュール表を更新して、各メンバーに通知する。その際、メンバーが勝手にスケジュール表に手を入れると、全体の整合がとれなくなるような場合は、チームリーダーなど特定の人に編集権限を絞り、その人を通して更新する。

仕事の並行スケジュール表を作る

●担当する仕事をすべて横並びにする

月日	仕事A	仕事B	企画C	部内	その他
2/1	d社外注	書類整理			
2					
3		X部委託	市場調査		
4			a氏来訪		健康診断
⑤					
⑥					
7	製品出来		企画		
8	点検				
9	e社納品				
10				月例会議	
⑪		出発			
⑫					
⑬					
14		f 社訪問			
15		報告書			研究会
16				部長出張	
17		X部出来			
18		見積送付			
⑲					

仕事や行事等すべて並べる。

その日の作業が一目瞭然。

期限をしっかり押さえる。

休日がわかるように。

上司の不在も把握しておく。

●チームでスケジュール表を共有する

17日の委員会を目指して、日ごとのメンバー(A〜F)の動きとタスクの進捗がわかる。全は全員。

	2/1	2	3	4	5	⑥	⑦	8	9	10	11	12	⑬	⑭	15	16	17
**調査	A·B·C							A·B									
集計分析				C·D				C·D									
打合せ					全					全						全	
資料作成				A·B				F		A·B·F							
*委員会	設定·F														準備·F		全

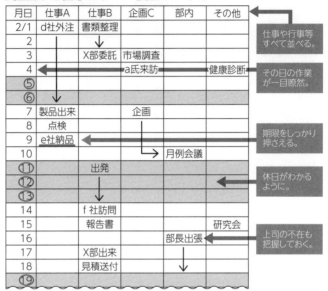

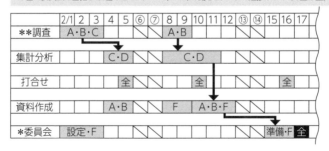

5 スケジュールは余裕をもたせて組む

目配りを効かせ不測の事態にも対応できるように

車のブレーキには「遊び」という余裕がもたせてある。ちょっとふれただけでキキッとブレーキがかかるようだとかえって危険なので、軽く足を乗せた程度の踏み込みでは作動しない仕組みだ。いわばクッション装置である。こうしたクッション装置は、スケジュールを立てる上でも不可欠。余裕のないスケジュールは「危険」である。

▽遅れやトラブルに備える スケジュールはあくまで予定である。遅れることは珍しくない。仕事を進めるうちに予想外の問題が出てきたり、相手から変更や追加の注文が入ったり、何らかのトラブルが発生することもある。少しでも予定が狂えば、すぐに納入期限に支障をきたすような余裕のないスケジュールの立て方をすると、こうした不測の事態に対応することができない。

また、例えば進行途中で改善点に気づいたとしても、「今回は時間的に無理だ」と切り捨てざるを得ないだろう。スケジュール通りに進めることのみに終始して、細かい目配りが効かなくなれば、単純なミスを見逃したり、トラブルを招くこともある。焦るとろくなことがないのは、どんな場合にでも言えることだ。

▽別の仕事が入ることも　たいてい1人でいくつかの仕事を抱えていて、一つの仕事だけにかかりきってはいられないのが実情だ。途中で別の仕事を頼まれたり、新しい仕事の受注が入ったりするのは、むしろ日常茶飯事のはず。そうした予定外の作業が入った時、スケジュールに余裕がないと対応できなくなる。

▽余裕のもたせ方　そこでスケジュールを組む時には、作業予定を予測よりも1日、2日多めにとっておく。すると何か不測の事態が起きて作業が1日遅れても、予定の中で消化することができるわけだ。あるいは特に予定を入れない調整日を月に2日、3日はさんでおくという方法もある。

それでも間に合わない場合には、休日を使うという奥の手がある。もちろん残業だってしないに越したことはないし、まして休日出勤など極力避けたい。が、よんどころない都合でどうしても時間が足りない時にはやむを得ない。

▽余裕の活用　もしすべての作業が予定通りに進んで、調整日が余白のまま残ったら、それはチャンスだ。日頃、気になりながら手を着けられずにいることがあるだろう。例えば企画構想のための調査、ファイルや名刺の整理、身の回りの片付け、半端仕事を一気に片付けるとか。または会いたい人を訪問する、展示会等を見に行くなど、充電にあてるのもよい。あるいはその分、早めに仕事を進めておけば、後で助かることもある。

6 1カ月間のスケジュール管理

年間計画を視野に入れてその月の業務を把握する

仕事の期限を押さえてスケジュールを組んだら、実際に仕事を進める中でスケジュールが予定通り進んでいるかどうか、常に確認することが必要だ。もし実際の進行がスケジュールとズレた場合はそのつど調整をして、仕事の期限や目標を守れるように手を打たなければならない。それがスケジュール管理である。

▽年間計画に照らして　企業は通常、年度のはじめに年間の計画や目標を立てる。その内容はおおむね社長の名によって公表されるが、計画立案の段階では各部署の意見も吸い上げられているはずだ。社員は、この年間計画や目標を達成すべく業務に励むことになる。

年間計画や目標は、1カ月単位のスケジュールに反映される。だから月間スケジュールを立てる場合には、年間計画や目標を視野に入れることが大切だ。そうすると、自分自身の仕事の成果や、めざすべき目標がはっきりする。

▽並行スケジュール表　具体的には、前述した並行スケジュール表の1カ月分を切り出せば、それが月間スケジュール表になるはずだ。並行スケジュール表はすべての仕事の流れを把握するが、それを1カ月単位に区切ると、その月のテーマや目標が見えてくる。

月末には翌月のスケジュールに切り替えることになる。その月の棚卸しをするつもりで、仕事の進展や成果を振り返って反省すれば、翌月への弾みになる。

▽**カレンダー**　最も身近な月間スケジュール表はカレンダーだろう。並行スケジュール表でも、各日付の行を見れば、その日に割り振られた作業や行事がわかるようになっている。が、「パッと見てすぐにわかる」というほど見やすくはない。その日に何をすべきか、どういう予定が入っているかを把握するには、やはりカレンダーへの書き込みが見やすい。自宅勤務なら壁掛けタイプもよいが、オフィスなら卓上タイプ、あるいはアプリの月間カレンダーだろう。

1日のコマの中に「10時半、A社a氏来訪」「1時半営業会議」などと、その日の予定が書き込めて、それが週ごとに並んでいるので、その月の予定がどう配置されているかが一目でわかる。カレンダーの埋まり方を見るだけで、「今月は第2週がヤマだな」などと、その月の仕事の流れを把握することができるはずだ。

▽**手帳・スマホのカレンダー**　出先で予定を確認するには、手帳やスマホなどになる。スマホのカレンダーアプリをパソコンと同期させておけば、出先からでも双方向にスケジュールを更新できるので便利だ。言うまでもないが、スマホは電源が入らないと使えない。肝心な時に困らぬよう、充電には常に気をつけよう。

7 1週間のスケジュール管理

1週間を1サイクルに仕事と生活にリズムをもたせる

サラリーマンの実感としては、1週間を1単位とする感覚が最も自然なのではないだろうか。週末には何となくホッとして、休みをはさんで、月曜日には「さあ、やるか」というサイクルだ。

▽実感できる区切り・サイクル　手帳の区切りがたいてい週単位になっているのも、そうした実感に沿うものだ。たいていの手帳は、月曜日から日曜日までが片ページに収められ、同じ開きの次のページはメモという具合に、見開き2ページが週単位になっている。日曜日以外を定休日とする人は、多少感覚が異なるかもしれないが、それでも休みをはさんで1週間を1サイクルとする感覚は共通しているはずだ。週末には週内の進行状況を確認し、必要があれば次週のスケジュールを調整しよう。

▽特定曜日にテーマをもたせる　1週間1サイクルの実感に合わせて、曜日によってテーマを決めるのもよい。例えば「月曜日は進行確認日」とか、火曜日は「早朝出勤日」、あるいは「水曜日は18時から絵画教室」など、趣味や自己啓発の予定を入れて、1週間のサイクルにアクセントをおくと生活にリズムが出て、仕事にもはずみがつくものだ。

特定曜日にテーマをもたせる

	進行確認			早出/語学		水泳	
	月	火	水	木	金	土	日
第1週			1	2	3	4	5
第2週	6	7	8	9	10	11	12
第3週	13	14	15	16	17	18	19
第4週	20	21	22	23	24	25	26
第5週	27	28	29	30	31		

ex. 外注や委託相手に進行を確認。スケジュール調整日。
ex. 整理整頓日。
ex. 企画日。
ex. 新規開拓重点日。

ex. いつもより2時間早く出る、早朝出勤日。
ex. 退社後に語学教室に行く日。
ex. 半端仕事を一気に片付ける日。

＊休日には昼間の時間帯も使って余裕をもって予定を入れられる。水泳などスポーツや趣味、学習の日にしては…。

●決まった曜日に、何か課題を定めると、生活にリズムが出る。
●毎日だとかえって疲れるので選んで。詰め込み過ぎは逆効果。

8 1日のスケジュール管理

その日にすべき仕事をタイムスケジュールにする

その日のスケジュールは、すでに予定されている作業を時間内にこなすためのタイムスケジュールになる。どういう手順でこなせばスピードアップするのか、より効率的な段取りを工夫してみよう。

▽1日のタイムスケジュール　朝、出社してから「さて、今日すべきことは?」とおもむろに考え出すようでは遅い。その日にこなすべきメニューを書き出すぐらいのことは、前日の退社前にしておきたい。

日常業務にルーチンワークが多く、仕事の手順がほぼ一定している場合には、いつもの作業に、今日特別すべきことがないかどうかを確認すればすむだろう。そうでなければ前日のメモをもとに、並行スケジュール表やカレンダーなどを確認して、その日の作業をタイムスケジュールにする。

並行スケジュール表やカレンダーには、毎日当然こなすべきルーチンワークや日常的な雑用などは書き込まれていない。一方、1日のタイムスケジュールには、その日にすべき作業がすべてラインナップされる。それらの作業を優先順位や作業効率を考慮しながら、手をつける順に並べて時間割りにするわけだ。

▽**優先順位を考慮した段取り**　仕事の優先順位については前章の段取りの説明で示した通り（→42頁）、緊急事項や約束を最優先にしつつ、仕事を依頼するための段取りを優先して進める。

例えば午後3時の約束で取引先を訪問するのであれば、これは動かせないので最優先にその時間帯の予定が決まる。同時に移動時間を確認して出かける時間を定める。もしその件で打ち合わせをするなら、出かける前に時間をとらなければならない。……という具合に、優先する予定の時間をまず確保した上で、その他の仕事を空いている時間に配分する。

▽**仕事の効率を考えてスピードアップ**　仕事の段取りをする場合には、なるべく並行して仕事が進むように、また作業の重なる同類の仕事はまとめてこなすようにして二度手間を省くようにするのが、スピードアップのコツだ（→44〜47頁）。効率のよい段取りを念頭に、速やかに今日の作業手順を決めよう。

▽**スケジュールの作成**　出社したらまず、その日のタイムスケジュールを組む。前述したように、今日すべきことは前日の退社前にリストアップしておいて、朝来たらメールチェックをして、変更や追加がないかを確認した上でタイムスケジュールを決める。

出勤した時点で、すでにその日のスケジュールが始まっているのだから、ここでぐずぐずずしていると、実際のスケジュールが遅れてしまう。タイムスケジュール作成は、ごく手早くすることが鉄則だ。そこで書き込みやすい書式を考えて、次頁のようなタイムスケジュールのフォーマットを作っておくのもよい。

▽出遅れのダメージ

朝の出遅れが1日のスケジュールに与える影響は大きい。始業時間ギリギリに出社するのは避けるべきだ。せめて15分前には出社して、身支度を整え、机に座って、パソコンのスイッチを入れ、その日のタイムスケジュールを決めてしまいたい。そして始業時間になったら、必要なメール、メッセージ、電話をどんどんして連絡を取ってしまう。始業時間を過ぎてから、その日の予定を確認し始めるような動き方は、スタートのピストルが鳴ってから位置につくようなものだ。

▽リモートワークの場合

それでも出社すれば、自ずとメリハリがつくものだ。その点、自宅勤務のリモートワークの場合、私生活と仕事の区切りを自らつける必要がある。通勤がないので、始業時間ギリギリまで寝ていることもできるし、つい別のことに気を取られて仕事がおろそかになったり、逆に切り上げられずに働き過ぎてしまったりで、出社しているとき以上に1日のスケジュール管理が大切だ。働き方の自由度が高いのは確かなのだから、しっかりタイムマネジメントをして効率的に仕事を進めれば、自分の時間を増やせるはず。併せて生活の質を高めることもできる（↓114頁）。

1日のタイムスケジュール例

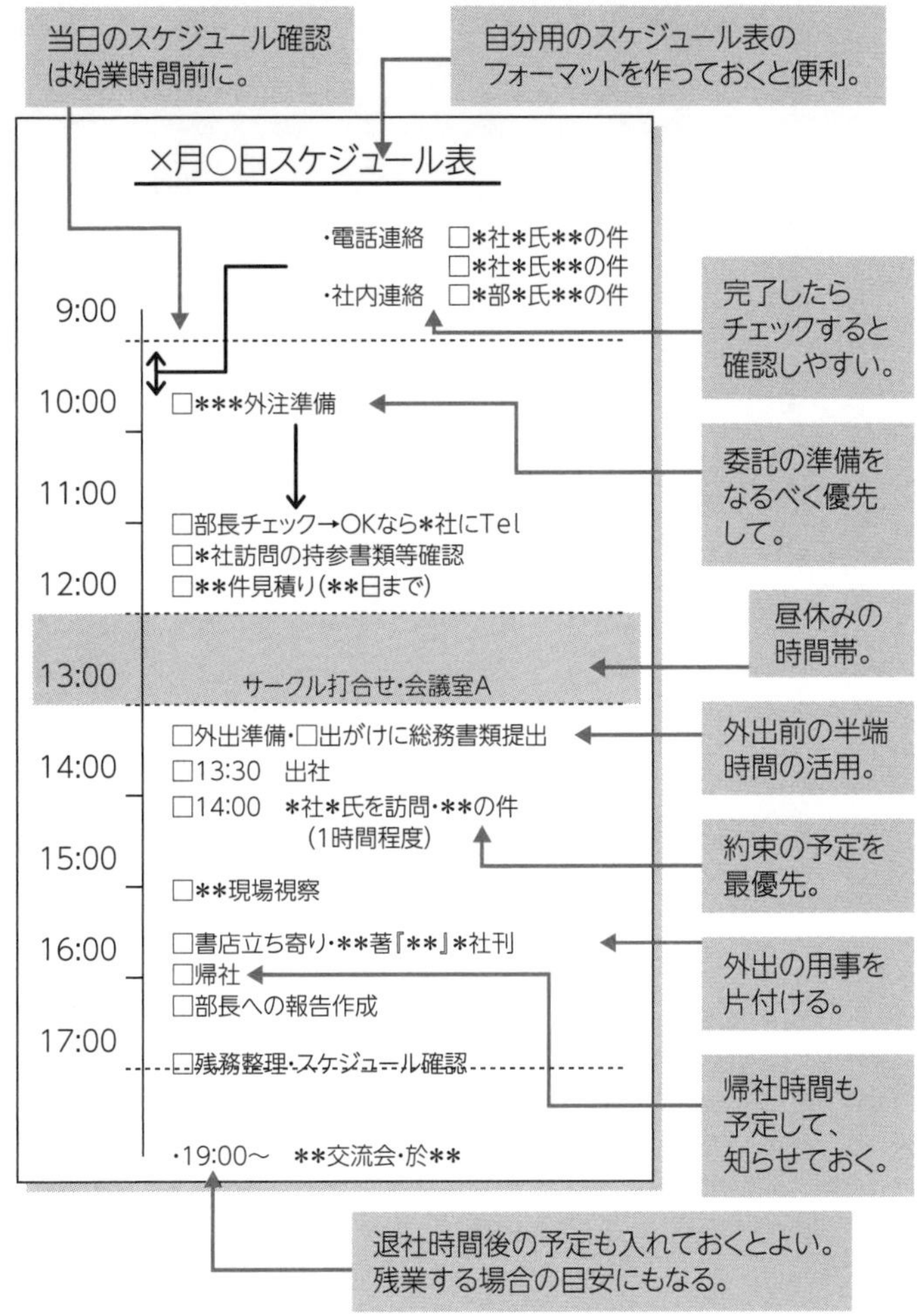
当日のスケジュール確認
は始業時間前に。
自分用のスケジュール表の
フォーマットを作っておくと便利。
×月○日スケジュール表
・電話連絡　□*社*氏**の件
□*社*氏**の件
・社内連絡　□*部*氏**の件
9:00
10:00
□***外注準備
11:00
□部長チェック→OKなら*社にTel
□*社訪問の持参書類等確認
12:00
□**件見積り(**日まで)
13:00
サークル打合せ・会議室A
□外出準備・□出がけに総務書類提出
14:00
□13:30　出社
□14:00　*社*氏を訪問・**の件
(1時間程度)
15:00
□**現場視察
16:00
□書店立ち寄り・**著『**』*社刊
□帰社
□部長への報告作成
17:00
□残務整理・スケジュール確認
・19:00〜　**交流会・於**
完了したら
チェックすると
確認しやすい。
委託の準備を
なるべく優先
して。
昼休みの
時間帯。
外出前の半端
時間の活用。
約束の予定を
最優先。
外出の用事を
片付ける。
帰社時間も
予定して、
知らせておく。
退社時間後の予定も入れておくとよい。
残業する場合の目安にもなる。

9 退社前のスケジュール確認を励行する

スケジュール管理とスピードアップに欠かせないひと手間

終業時間になり、仕事が終われば速やかに退社するのだが、机を離れる前に励行してほしいひと手間がある。この手間を惜しまないことが、確実なスケジュール管理と仕事の効率化を進める上で非常に重要だ。

▽今日のスケジュールの成果を確認　仕事を終えた時点で、朝作った1日のタイムスケジュールをチェックしよう。その日に予定した仕事はすべて完了したのか、やり残した作業はないか、新たに追加や変更になった予定はないかなど、その日のメモ等を見ながら確認する。

やり残した仕事は、次の日以降に消化しなければならないし、予定の追加や変更は間違いなくスケジュール表に反映されていなければならない。その点を再確認して、スケジュールの調整をしておく。

▽明日の予定と作業を書き出す　その日の成果が確認できたら、明日の予定を確認しておく。細かいタイムスケジュールまでは立てずとも、どういう仕事のメニューになるのか、明日すべきことを書き出して、気づいた点をメモしておく程度の準備をする。すると「明

日は○○と××をするのだな」と要点が頭に入るし、やり残した仕事も併せてこなす予定なら「その分まで、がんばろう」と自然に心づもりができる。

仕事を別の人に渡す時には引き継ぎ連絡をするが、ちょうどその要領で、今日の仕事を明日に引き継ぐように、退社前に次の日の作業を箇条書きにメモしておくのである。そうすると、次の日も朝からエンジンが温まった状態で仕事を開始できる。こうした1日のスタートのスムーズさが、仕事のスピードアップに大いに威力を発揮するのである。その結果、スケジュール通りに仕事を進行させることが可能になる。

▽出先から直帰する場合　退社前のスケジュールチェックは、できれば自分の机の前で行いたい。が、その日の予定によっては出先から直帰（一端会社へ帰らずに直接帰宅）することもあるだろう。

最初から直帰の予定で会社を出た場合でも、仕事が終わった時点で一度会社に電話を入れ、自分の留守中に何か連絡が入っていないか、問題が起きていないかを確認する。返事の必要な連絡が入っている場合には、出先からでも連絡を返しておく。場合によっては、一度会社へ戻らなければならないこともあるだろう。

その日のスケジュールチェックは出先でもできる。あるいは出かける前に、その日のチェックと明日の作業のリストアップをすませておいてもよい。

10 スケジュールのチェックと調整

場合によっては方針や作業手順の変更もある

スケジュールは、言わば仕事を完成するための設計図であり、その設計図に沿って実際に仕事を完成させることが肝心だ。スケジュール通りに進める努力をするのはもちろんだが、場合によってはそうならないこともある。仕事の進行状況は、スケジュールと現状を照らし合わせることによって的確に把握できるものだ。実際の進行を反映させて、スケジュールに修正を加えるが、もっと抜本的に作業の方法や手順を変更して、スケジュールの組み直しをすることが必要な場合もある。

▽1日・1週間・1カ月　1日のタイムスケジュールでも、予想以上に手間取って進行が遅れることは珍しくない。まして急な仕事が入ったり、トラブルが発生したりして、そっちの方が優先されれば、予定変更を余儀なくされる。退社時のスケジュールチェックではそうした遅れや変更を把握して、翌日のスケジュールに反映させる。1週間を1サイクルと感じるのが自然な生活感覚だと述べたが(↓94頁)、仕事全体の進行チェックとスケジュール調整も、1週間を単位に更新するのがよい。月曜日とか金曜日とか、特定の曜日を進行チェック日と決めて、外注や社内の委託先に進行状況を確認して、スケジュールとの照合

をする。それで必要ならスケジュールを修正。さらに仕事の手順や期限にも再考が必要なら、上司や関係者と相談することになる。

また、1カ月を区切りにしたスケジュールのチェックも必要である。この場合は、年間目標や年間計画と照合しつつ、営業活動の指針を確認する意味合いを持つ。

▽予定のペースで進まない場合

スケジュールを立てる際には、それまでの経験などをもとに作業にかかる時間を予測している。が、実際に作業を始めてみると、予測が外れることもある。思ったより早く片付く分にはよいが、遅れた場合は要注意。あらかじめスケジュールに加えてある余裕の範囲でおさまれば問題ないが、それを超える場合は期限厳守がおぼつかなくなる。

実際の作業ペースを正確に読むには、ある程度こなしてみないとわからないが、1週間も続ければはっきりするだろう。遅れるとわかったら、その時点ですぐに手を打つ。手の打ち方については87頁に述べた通り、おおむね3つの選択肢が考えられる。いずれか方針を定めてスケジュールの立て直しをする。

あるいは「今日中に」と言われた仕事なら、午前中に進めたペースで全体を終えるのにどの程度の時間がかかるか察しがつくはずだ。それで確実に「今日中は無理だ」と感じたら、その時点で相手に相談する。「それなら明日中でもよい」とか「こんなにていねいにする必要はない。要点だけ押さえてもっと簡略にすれば、今日中に仕上がるだろう」とか、何らかの指示があるはずだ。仕事を頼む側にしても、進行に支障があれば早めに言ってもらう方が助かるのだ。

▽目標達成度とスケジュール

仕事はすべて目標や計画に基づいて進められる。例えば1カ月の成果が、年間目標の20分の1にも満たなかったとすると、このペースでは目標の達成は無理である。目標を達成するためには、もっと成果の上がる方法や手順を工夫しなければならない。

だから年間目標と現実との照らし合わせも、早めに行って現実の進行ペースをつかむべきだ。場合によっては目標の修正もあるだろう。が、早い時期であれば方向転換や巻き返しも効く。それに合わせてスケジュールも組み直すことになる。前半苦戦しても後半に取り返して目標を達成することも可能だろう。新たに組み直したスケジュールがその青写真となるわけだ。

▽予定をキャンセルする場合

訪問や会合のアポや、会議や催しへの出席をキャンセルせざるを得ないこともあるだろう。もちろん、極力避けるべきことだが、やむを得ずキャンセルと決まったら、すぐに相手に連絡をすること。相手が少しでもスケジュールを立て直しやすいように、できるだけ早く伝えるのがせめてもの心遣いである。

スケジュールのチェックと調整

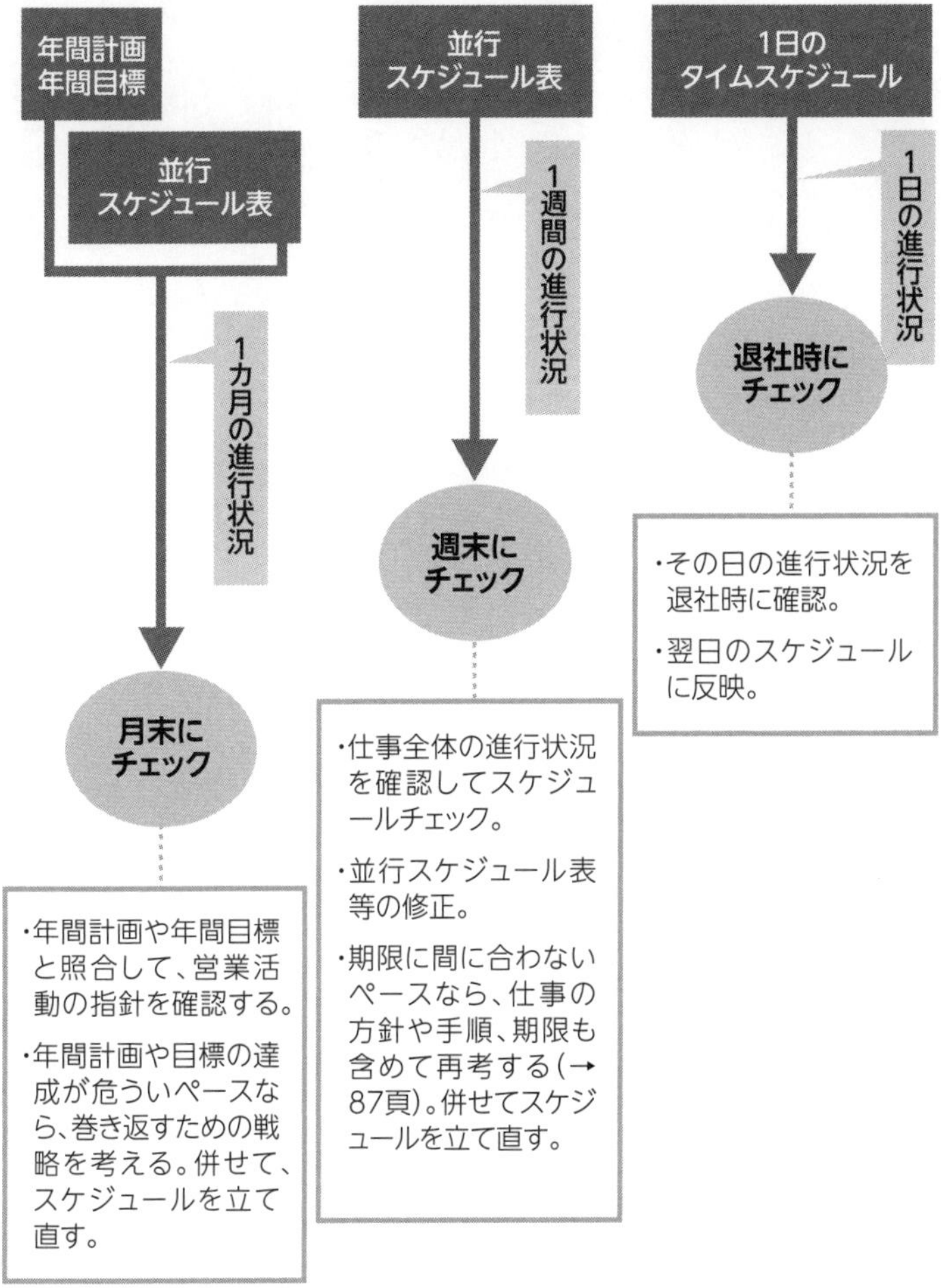

11 集中力を引き出すスケジュール管理

前半に集中のヤマを作り、残り時間をさらに前後半に分ける

どんなに真面目な人でも、やはり気分の乗りや集中力の波がある。その波を自覚して、集中力を最大限引き出すようにスケジュールを組んでみよう。すなわち無理なく仕事のスピードを上げるコツである。

▽前半に集中のヤマをつくる　ある仕事を期限内に上げる場合でも、仕事の過程を見ると進め方の巧拙がある。進め方上手な人は、必ず前半に集中のヤマをつくっているはずだ。

例えば10日で仕上げる仕事なら、前半4日で半分以上の作業を終えてしまう。すると後半は余裕をもって進められるので、細かい点検や目配りを効かせて完成度を高められるし、不測の事態が起きても慌てずに対応できる。逆に、前半でのんびりすると後半に余裕がなくなり、仕事に追われる格好になる。すると自ずから浮き足だって、肝心な仕上げの過程でミスを招いたり、チェックがおろそかになる恐れも出てくる。

これは1日のタイムスケジュールでも言えることだ。朝一番からエンジンをかけて午前中に1日のノルマの半分をすませてしまえば、午後からは余裕をもって進められる。制限時間がたっぷりある中でスピードを上げるのと、時間に追われて急ぐのとでは、作業のペー

スそのものは同じでも精神的なストレスが違う。前半に集中のヤマをつくるのが、より負担の少ないスケジュールの立て方と言える。

▽集中力の波を自覚する 集中力の波を考えてみても、やはり目新しいことには気分が集中するので、仕事を始めた当初は自然に集中力が高まるものだ。そのうちに飽きたり、疲れたりして、集中力は徐々に下がる。そして終了が近くなりゴールが見えてくると、また集中力が盛り返して思わずラストスパートがかかる。

こうしたことは1日の作業状況を考えても思い当たるはずだ。昼過ぎには緊張感が弛んで眠くなることが珍しくない。で、終業時間近くになって急にがんばり出し、その勢いでつい残業になだれ込む。そんなパターンが多いのではないだろうか。

▽後半をさらに前後半に分ける 就業時間が9時から5時であれば、昼休みを除いて1日7時間。午前中3時間、午後4時間という時間配分だ。だから午前中に1日の仕事の半分を片付けてしまえば、それで十分に前半ペースになっている。

さらに午後は3時に一息入れることにして前後半に分けらどうだろう。3時までの前半に残りの仕事の大半を片付けるように、2番目のヤマをつくるのだ。そして後半3時以降は、5時を睨んでのラストスパートがかかる。終業前には余裕をもってスケジュールチェックの時間がとれるだろう。集中力のヤマ場を意識したスケジュールの立て方である。

12 早朝の時間を有効に活用する

午前中の時間が充実すると1日を長く感じる

前半に集中力のヤマをつくるのであれば、遅刻ギリギリに駆け込んでいるようではおぼつかない。1日のスケジュール管理の項（↓96頁）でも述べたが、余裕をもって出勤して始業の準備を整えるのは、スピードアップの鉄則だ。が、さらに朝をパワーアップするスケジュールの立て方もある。

▽1日を長くする方法　1日が短くて、アッという間に過ぎてしまう――。そう感じているなら、だまされたと思って2時間早起きをしてみてほしい。毎朝7時に起きているなら、5時に目覚ましをかける。それで目が覚めたら、ぐずぐずしないでサッサと起きて、洗面と着替えをしてしまう。身支度をすませると目が覚める。すると早朝の2時間という時間がそっくり自分のものになるのである。

その2時間で何をするにしても、「え、まだ9時なのか」「まだ10時？」という感覚が得られる。お陰で不思議なくらい1日が長く感じるものだ。おまけに早朝から活動していれば、始業時間には頭も体もエンジン全開。当然仕事がはかどる。午前中が充実すると、午後からもう1日分の時間が始まるような気分にさえなる。

▽残業替わりの早朝出勤

このところ毎日残業でうんざりだ――。そんな状況が続いているならば、試しにこう決心してみよう。「今日は絶対に残業をしない。その替わり残った仕事は明日2時間早く出勤して片付ける」と。すると早朝出勤を免れたいため、仕事のペースに拍車がかかり、案外時間内に片付いてしまうかもしれない。

もし仕事が残ったら、決心した通り、翌日は2時間早く出勤する。通勤ラッシュを避けられるので、電車の中でも比較的ゆっくりできるだろうし、体力を温存して仕事につける。さらに始業時間前は電話連絡などに邪魔されず、周囲も静かなので普段よりずっと仕事がはかどるはず。残業すれば2時間かかる仕事が、1時間ですむかもしれない。

▽朝型のスケジューリング

もちろん早起きのスケジュールは必ずしも早朝出勤だけではない。散歩やジョギング、座禅などで心身の充実をはかったり、学習や趣味などに使ってもよい。2時間と言わず、30分早起きしてゆっくり身支度、しっかりと朝食をとり、余裕をもって出社するだけでも、1日の流れはずいぶんと変わってくるはずだ。

▽楽しく早起きする方法

とはいえ、朝は1分でも長く寝ていたいもので、早起きはなかなか難しい。それなら早起きの「お楽しみ」をつくろう。例えば美味しいパンと、ちょっと贅沢なコーヒーを用意しておけば、「そうだ。早く起きて食べるんだ」と、起きることに魅力を感じる。人間は実に現金なもので快楽には積極的になるものだ。

13 隙間時間を有効に活用する

「隙間時間にすることメモ」を作って半端な時間もムダなく活用

実際に仕事をしていると、予定外の隙間時間がしばしばできるものだ。前章の通勤時間・昼休みの活用の項（↓74頁）でも述べたが、そうした半端時間の活用が、案外仕事のスピードアップに効力を発揮する。

▽隙間時間にすることメモ　社内にいても会議や来客、外出などの前にふと時間が空くことがあるし、出先で人に待たされたり、次の約束まで少し時間が余ったりすることもあるだろう。そんな隙間時間をボンヤリ過ごさないために、隙間時間にすることのメモを作っておくとよい。隙間時間はもとより短いので、「さて何をしようか」などと考えているとそれだけで過ぎてしまう。メモをしておけば「ちょうどよい」というので、すぐに手をつけることができる。

▽外出時に活用　出先で時間が余った時など、無駄にスマホを眺めているのでは勿体ない。「隙間時間にすることメモ」を活用して、買いたい物を購入したり、ちょっとした用事を片付けたり。スマホのメモアプリなら、画像や音声でもメモできるので、特定の商品や型番など、写真でメモするのも便利。

隙間時間にすることメモ

本や資料を読む

・読みたい本や資料を携帯

・スマホやタブレットにデータをリンクしておく

学習する

・語学アプリを活用

・資格試験などの参考書を携帯

連絡する

・メールチェック、返信

・電話連絡は周囲の状況に配慮して

買い物をする

・買いたい物のリストをメモしておく

・特定の商品名や型番は写真でメモすると便利

調査する

・関連商品の店頭チェック

・視察したい店舗や施設などをリストアップ

・書店で見たい本のリスト

運動をする

・肩こり体操、目の体操、呼吸法など、軽い体操で体をほぐす

・場所柄をわきまえて実行

14

退社後の時間を有効に活用する

スケジュールを組むことでアフター5の充実を図る

後に予定がないと、つい気を抜きたくなるものだ。その緊張感のゆるみが仕事のスピードを落とし、残業につながる。ならば退社後のスケジュールを充実させればよいだろう。

▽**定時を締切りと心得て**　定時に退社するには、それまでに予定の仕事を終えなければならない。だから定時を仕事の締切りと心得て、勤務時間中にフル回転で仕事を片付け、それでも残務が出れば翌日早朝出社して間に合わせる。と、その意気込みで当たればまず終えられるはずだ。

▽**退社後にもスケジュールを**　とはいえ、架空の締切りであれば、結局「まあ、いいか」という油断が生じるかもしれない。それなら名実ともに「5時締切り」となるように、退社後に予定を入れてしまおう。

1週間のスケジュール管理の項（↓94頁）でもふれたように、特定曜日の退社後に趣味や学習活動の予定を入れるのも一手。あるいは演劇やコンサートのチケットをとるとか、人と会う約束をするとか。出歩くばかりでなく、曜日を決めて家庭の夕食当番を引き受けるのもよい。休みの日にどこかへ連れていくばかりが家族サービスではないだろう。

スケジュールは仕事を具体化すると前述したが（↓80頁）、それは仕事に限ったことではない。退社後の時間を充実させたいと思ったら、やはりスケジュールを組むことだ。「何時からどこで何をする」というスケジュールが立った時点ではじめて、充実したアフター5が具体的に動き出す。

▽上司や同僚との付き合い　上司や同僚から「飲みに行こう」と誘われることもあるだろう。職場を離れて交流すれば意外な収穫もあるものだ。都合がつけば気持ちよく応じるとよい。用事があって断る場合は、「またの機会にぜひ…」とつなぐのが定石だ。

▽異業種交流のチャンス　勤務時間外には、なるべく異業種の人たちと交流をもつことをお勧めする。視野も広がるし、自分たちとは異なる発想やスキルにふれることで触発されることもある。普段の自分たちの仕事を、業界の外から客観的に眺めれば、ひょんなところから、企画のアイデアが浮かんだり、問題解決の糸口が見つかったりもする。

例えば、カルチャースクールやスポーツクラブなど趣味のサークルに加わったり、NPO活動に参加したりすれば、自然にさまざまな業界の仲間ができる。あるいは大学や高校時代の友人を通じて、交流の輪を広げる手もある。その他、地域の活動に参加してみるのもいい。子どもの学校関係の活動に加われば、親同士や先生方と交流して、共通の問題を考える機会も得られるだろう。

15 リモートワークを快適・効率的にするスケジュール管理

起床から就寝までのタイムスケジュールで仕事も生活も充実

リモートワークには自己管理のスキルが大切だ。出社がなくなることで、大なり小なり時間的な制約からも解放されて自由度が高まる。それで働きやすくなったのか、仕事の効率は上がったのか――。まずは1日のタイムスケジュールから点検しよう。

▽勤務時間は出社勤務と同じ　出社しなくても、すべき仕事自体は変わらない。時間も同じようにかかるし、ｗｅｂによる会議や打合せ、顧客や外注先など関係者との連絡もあるだろう。9時―5時、10時―6時と、働く場所は変わっても勤務時間帯は出社している時と同じにするのが基本と心得よう。

▽起床から就寝まで　とはいえ、仕事に支障をきたさず勤務時間を確保できれば変則的なスケジュールでも構わない。勤務開始を早めにずらし、3時には切り上げて私的な予定を入れるとか、逆に始業時間を遅らせるとか。あるいは勤務時間を分散して途中に家事や外出をはさむこともできる。仕事の状況を見ながら平日昼間の時間帯を私的に活用する手もある。映画や美術館など、混雑をさけてゆっくり観られるだろう。

ゆえに1日のタイムスケジュールは勤務時間帯だけでなく、起床から就寝まで全体を視野に入れて立てる。仕事だけでなく、プライベートも含めた生活の質を高めるように組み立てよう。

▽朝の時間を充実させる　リモートワークのタイムスケジュールは、何と言っても「通勤がない」という点が大きい。出かける準備や徒歩、乗り換え時間も含めれば片道1時間、遠距離通勤なら2時間ほどの時間が自分のものになるはず。その分、朝寝ができると気を抜かず、むしろ早起きして朝の時間帯を充実させるスケジュールがお勧めだ。新鮮な空気を吸ってウォーキングやジョギング、体操などで軽く汗を流すなど。あるいは学習時間に当てたり、坐禅や瞑想を取り入れたり。朝を充実させることで勤務意欲が高まれば、自ずと仕事の効率化にもつながる。

▽休憩と気分転換　リモートワークで仕事の効率が落ちる原因として、気が緩んでサボってしまうパターンとは逆に、仕事にのめり込み過ぎて、かえってモチベーションの低下を招くことがある。没頭して休みもとらずに作業を続け、夢中になって長時間パソコンの前に座っていると、一見仕事が進むようでも、無理が続けばやる気が失せる。肩こりや眼精疲労から体調を崩すこともある。

タイムスケジュールでは休憩時間もしっかり決めて、時間がきたら作業が途中であっても一度手を離して休憩をとることだ。スマホのアラームをセットして、鳴ったら休憩・リフレッシュする。お茶やコーヒーを飲むのもいいし、軽く体操をしたり、香を焚いてリラックスするのもいい。

▽ランチタイムの活用　オフィス勤務の場合、通勤や移動が案外運動になってるものだ。その点、自宅勤務では運動不足になりやすい。そこでウォーキングや体操を組み込むのもいいが、例えば昼食は外でとると決めて出かけるのも一つの手だ。気分転換にもなるし、ついでに外回りの用事をすませれば効率も上がる。

▽仕事モードに転換する　オフィスと違って、自宅にはテレビやゲームをはじめ、趣味や楽しみのツールがそろっているし、監視の目もない。誘惑を断って、仕事に集中するには自制心がいる。タイムスケジュールを励行するうえでも、仕事モードに気持ちを切り替える工夫が必要だ。そのために、できれば仕事と生活の空間を分けたい。部屋を分けるのが難しければ、ついたてや天井付けのロールスクリーンなどで仕切る手もある。空間を分ければ、自ずと気分も改まる。

また、きちんと身だしなみを整えて、ふさわしい服装を選ぶこと。身支度は心構えに影響する。自宅にいても緊張感をもって仕事を進めるコツなのだ。例えばキッチンには冷蔵庫があり、部屋にはソファーやベッドもあるだろうが、仕事モードの身支度でいれば、むやみに飲食したり、ゴロンと横になる気分にはならない。

4章
ファイリングで
情報活用を改善する習慣

1 ファイリングは仕事の基本であり秘けつでもある

ファイリングは仕事改善の原動力

1章の最初に、仕事改善を目指すAさんが、できる同僚を観察する事例を挙げた。そこでAさんが何より痛感したことは「整理のよさ」だった。実際、仕事改善のすべてのノウハウが「整理」に根ざしていると言っても過言ではない。その整理を実現するテクニックがファイリングである。デジタル化が進んでも、ファイリングの原則は変わらない。

▽**環境の整理**　言わずと知れた整理整頓である。机の上をはじめ身の回りの整理整頓は、快適な仕事環境を作り出す。仕事場の環境を整えれば、仕事の効率が上がるだけでなく、仕事や人生への意欲も自ずと高まってくるものだ。

▽**情報の整理**　情報化社会と称される現在のビジネス状況はもちろん、生きる原点に立ち返っても「人間は考える葦」である。「考える」という行為には、どんな場合でも必ず「情報を得て、整理する」という過程が必要だ。仕事の段取りしかり、スケジュールしかり、企画構想しかり。この情報収集と整理こそ、ファイリングの中核である。

▽**行動の整理**　仕事を含め、人間の行動はすべて「考え」に基づいている。1章で「忙しい」中身を整理したように、作業の効率化にもファイリングの情報整理が活きる。

ファイリングは仕事改善の原動力

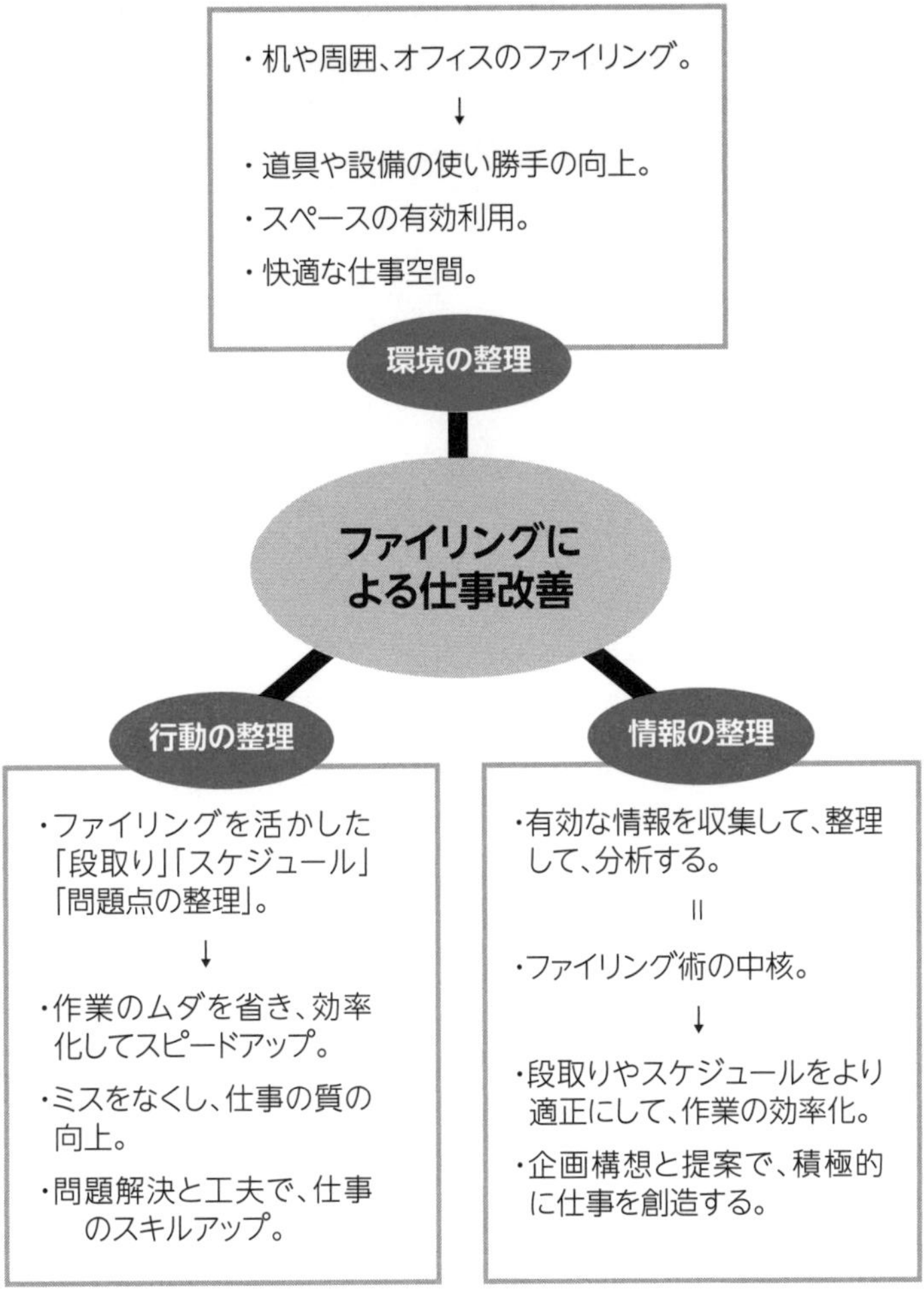
・机や周囲、オフィスのファイリング。
↓
・道具や設備の使い勝手の向上。
・スペースの有効利用。
・快適な仕事空間。
環境の整理
ファイリングによる仕事改善
行動の整理
・ファイリングを活かした「段取り」「スケジュール」「問題点の整理」。
↓
・作業のムダを省き、効率化してスピードアップ。
・ミスをなくし、仕事の質の向上。
・問題解決と工夫で、仕事のスキルアップ。
情報の整理
・有効な情報を収集して、整理して、分析する。
=
・ファイリング術の中核。
↓
・段取りやスケジュールをより適正にして、作業の効率化。
・企画構想と提案で、積極的に仕事を創造する。

2 机の上を片付けることで見えてくるもの

机を整理してファイリングの威力を実感しよう

まずは論より証拠である。目の前の机の整理から始めよう。

▽**机のファイリング**　朝出社した時点の机の上は、何も置かれていない広々とした空間でなければならない。そこに仕事を広げてこなし、終われればすべて片付けて、またもとの広場に戻る。Aさんが観察したできる同僚の机が、まさにこの状態だったはず。もし自分自身の机がそうなっていないなら、今すぐ机の整理にとりかかろう。

整理の手始めは分類だ。机の上に山積みにされている書類や道具を、取りあえず次の5つに分類する。

①机にしまうもの　机のどこかに収めるべきものなので、それぞれ同類のものをクリップで留めたり、袋に入れたり、箱に入れたりして、取りあえず机の上に置く。

②別の場所へ戻すもの　どこかから持ってきて使って、そのまま置きっぱなしになっている書類や本、道具類である。それぞれ本来あるべき場所に片付けよう。

③自宅へ持ち帰るもの　2章の段取りの説明でもふれたが、会社の机は社内の共有物だ(↓50頁)。ゆえに私物を入れておかないのが基本。例外として、自費で買った仕事関連の

本や雑誌、個人的に取り寄せた資料、使い勝手のよい道具など、仕事を進行する上で手元にあった方が役立つものは許容範囲と考えてよい。が、それ以外の私物はすべて自宅へ持ち帰る。社内のサークル等で使うものなら、せめてロッカーに移したい。

④不要なもの すでに必要のなくなった書類や雑誌、品物は、速やかに捨てることだ。

⑤保留するもの 不要かどうか判断ができないものについては、後でまた判断することにして、①とは別にまとめて、机の上に残す。

机の上がすんだら、次には引き出しの中のものもすべて出して、同じように分類する。

▽引き出しの活性化 さて、机の上には①と⑤に分類された書類と品物が残ったはずだ。それも整理の過程で、社内文書、信書類、名刺、道具類、あるいは企画A関係書類、取引先B関係書類など、それなりの分類ができたはずである。次にそれらを引き出しに収める。よく使う書類は取り出しやすい上の引き出しに入れると使い勝手がよい。道具類はまとめて同じ引き出しに、机の上に置くなら適当な容器にまとめて収納する。引き出しの最下段は底深になっていて、書類の整理収納に適している(→134頁)。

▽本格的なファイリングへ 不要なものを除き、必要な書類と道具を引き出しに収めてみて、さてどうだろう。新しい風が吹いてきたと思う。この風に迷わず乗るために、次項以下に説明するファイリングのテクニックを確実に活かしてほしい。

3 ファイリングは情報の管理システムだ

集める→捨てる→分類する→収める→取り出す→戻す

机や身の回りを整理すれば、すっきり片付いて快適な環境になる。が、肝心なのはここからだ。整理の第一の目的は「必要なものをすぐに取り出して活用する」ことにある。特に情報をどう整理するか。そのためのテクニックがファイリングである。

▽ファイリングとは　すなわち「整理のためのテクニック」と言ったが、もっと具体的に表現すると、情報やモノを効率的に「①集める→②捨てる→③分類する→④収める→⑤取り出す→⑥戻す」管理システムだ。それぞれの要点をまとめてみよう。

①集める　机の整理では、まず机の中の書類や道具類をすべて机の上に出したが、それらはすべて必要があって集められたものだ。集めるから整理が必要になる。逆に言うと、必要なもの（主に情報）を集める段階から整理が必要なのだ。ゆえに必要なものを効率的に集める工夫もファイリングの要素である。

②捨てる　ある時点では必要があったものも、時期が過ぎれば不要になる。特に書類は、仕事を進める中で次々に作成されるので、そのままにしておくとどんどんたまってスペースを占領する。必要な書類が、すでに不要となった書類に紛れてしまうと、それを「探す」

というムダな手間が生じるのである。常に新陳代謝させて、必要なものだけを備えておくことが整理の基本だ。そのため「捨てる」という行為は、ファイリングの中でも非常に重要な要素である。

「捨てる」チャンスはファイリングの全過程にある。まず集める段階で取捨選択し、分類する時にさらに吟味し、取り出して戻す場面でも、捨てるべきかどうかをチェックする。

③分類する　分類はファイリングの中心となる要素だ。「捨てるか保管するか」という分類に始まって、用途別、種類別、テーマ別など、さまざまな視点がある。整理の目的は「必要なモノをすぐに取り出す」ことにあるが、分類の適切さは取り出しやすさを大きく左右する。また収集した情報を分析する場合にも、分類のセンスが問われる。

④収める　例えば机の片付けでは、不要なものを捨て、別の場所にあるべきものは戻し、机の中に収めるべきものだけを残して、それを各引き出しに収めた。その収め方によってもずいぶん使い勝手が違うものだ。片付ける過程でも、どの引き出しに何を入れるのが適切か迷ったことと思う。また、引き出しの中にどう収めるかという工夫もある。

よく「整理整頓」と四字熟語のように言うが、整理は取捨選択して分類すること。そして、整理したものをきちんと整理して「収める」ことが整頓だ。整頓の良し悪しは、取り出しやすさの決め手となる。そのためにさまざまなファイリング用品が出回っている。

⑤取り出す　集めて整理した情報やモノを、必要な時に取り出して使う。すなわち活用することであり、この動作をより効率的にするのがファイリングの目的だ。

⑥戻す　せっかく分類整理して片付けても、取り出した後で元へ戻さなければ、少しずつ混乱して、いずれ元の木阿弥になる。システムは循環させることが大切なので、「戻しやすさ」は、ファイリングを維持するための鍵になる。

▽仕事改善に役立ってこそ　以上のような要素をもつファイリングは実に奥の深いもので、さまざまに工夫をこらすことができる。とはいえ、あくまで仕事をサポートするための技術だ。活用の目的や必要性によって、自ずと規模や形式も違ってくる。どういう形で、どの程度のファイリングをするのが適当か、実際に試みながら使い勝手のよい方法を定着させることが大切だ。

そのために、①誰のための整理なのか、②何のための整理なのか、③使い勝手はよいか、④成果はあるか、という点を常に念頭に置こう。ファイリングのためのファイリングほど無意味なものはない。きれいに整理整頓してあっても、その情報やモノがほとんど活用されないのであればムダである。使い勝手はもちろん、成果や効用についてもチェックが必要だ。整理のしかたにしても、あまり細かくすると、かえって煩雑になることもある。道具の活用についても同様だ。目的はあくまで仕事の効率化であることを忘れてはならない。

ファイリングの管理システム

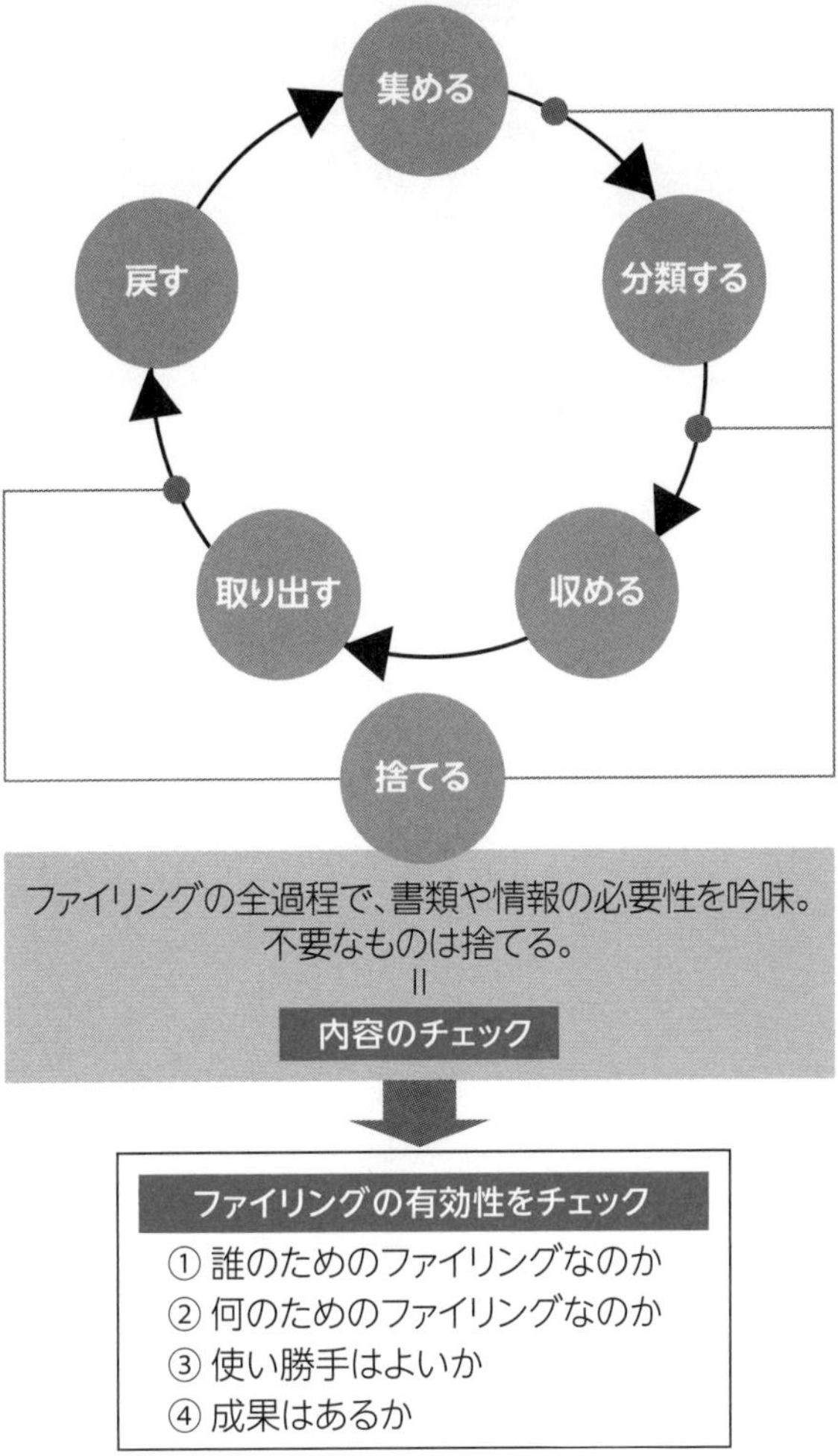
集める
分類する
収める
取り出す
戻す
捨てる
ファイリングの全過程で、書類や情報の必要性を吟味。
不要なものは捨てる。
＝
内容のチェック
ファイリングの有効性をチェック
① 誰のためのファイリングなのか
② 何のためのファイリングなのか
③ 使い勝手はよいか
④ 成果はあるか

4 情報を活性化する分類のテクニック

二択式分類・序列分類・時系列分類・内容別分類

「分類」はファイリングの中心となる要素だと述べた。情報の取捨選択から始まって、「整理」は分類することによって進む。例えば机の整理でも、机から出したものを「残す」「捨てる」「戻す」「持ち帰る」などと分類し、「残す」ものについても「書類」「道具類」とか、「書類」の中でも「資料」「社内文書」「伝票」「信書」などと分類を進め、それぞれまとめて引き出しに収めただろう。情報やモノの使い勝手や活用度は、分類の適切さによって決まると言っても過言ではない。

▽情報を分類する考え方　例えば同じ情報を分類するにしても、その適切さは関心のあり方や必要性によって違ってくる。前項で「①誰のための分類か、②何のための整理か」と注意を促したのもそのため。仕事の状況や使う人の立場によって適した分類を選ぶことが大切だ。また状況や立場は、時の経過によって変わるだろうから、分類のしかたも一度決めたら終わりではない。状況に合わせて分類の変更もある。

情報や書類の分類のしかたはいろいろあるが、分類の考え方を整理すると、二択式、序列、時系列、内容別の４つに大別できる。

▽**二択式分類**　「○」か「×」、「はい」か「いいえ」という二者択一式の分類法だ。例えば、資料を「送る」「送らない」、資格が「有」「無」、年齢が「二十歳以上」「二十歳未満」など。すべての情報を例外なく2つに分ける。「A」か「B」に分けると、「C」はどうする…という迷いが出てくる場合は、「A」か「A以外」と考えるのがコツ。もちろん、そういう分類が意味をもつ情報について、適用するということだ。

▽**序列分類**　すべての情報を一定の基準に従って順番に配列する。例えば50音順がそれ。名前や題名をすべて「あいうえお」順に並べる。この分類法は、迷わず機械的に分類できるのが利点。名簿や本の索引などは、この分類法の典型的な例だ。

その他、地域別に分類するのも序列分類の一つ。運輸業界では郵便番号をコード化して、荷物や伝票の分類に活用している。地域別の場合も、やはり漏れなく機械的に分類できる。

▽**時系列分類**　年月日・時間順に並べる分類法で、序列分類の一種だが、非常に活用度が高いので別にしておく。例えばパソコンで作成するファイルには、もれなく時系列情報がついている。ファイルの作成年月日時もしくは更新年月日時だ。あるいは、議事録なら開催年月日、報告書なら提出日、写真整理には撮影日付など。およそ時系列情報を伴わない情報はない。特に記録や集計のための情報はたいてい時系列で整理される。その情報がいつのものなのかが、重要な評価基準になるからだ。

▽内容別分類　情報の内容によって分類する方法。内容のとらえ方にはいろいろな角度がある。内容のテーマによって分けることもできるし、内容の形式（社内文書、契約書、伝票など）によって分けるのも内容別分類だ。その他、企画やプロジェクトなど、仕事の要件別に分けるなど、さまざまな切り口がある。

他の分類法に比べて自在度が高いだけに、大いに分類のセンスが問われる。最初から完璧を目指さず、取りあえず分類してみて、活用しながら少しずつ改善していくとよい。

▽実際の分類作業　以上が基本的な分類の考え方だが、実際には次頁の例のように、それぞれの分類法の特色を生かしながら、組み合わせて活用することが多い。

分類を考える際には、次の2点に注意するとよい。一つは、すべてを分類すること。書類等の情報にしても、モノの分類にしても、すべてをいずれかの分類に所属させ、所属しないものを残さない。例えば「A」か「B」かという分類をして、いずれにも属さないものが出てくれば、「その他」とか「雑」という項目を作って所属させればよい。

もう一つは、各分類の最小単位の分量を、適当な分量にそろえること。例えば都道府県別に分類したとして、「東京」の情報量が特別多くなってしまったら、「東京」の中をさらに「区」別に分ける。分類の最小単位にあまり多くの情報が収まると、必要な情報が探しにくくなるので、さらなる分類をするというわけだ。

ファイリングの管理システム

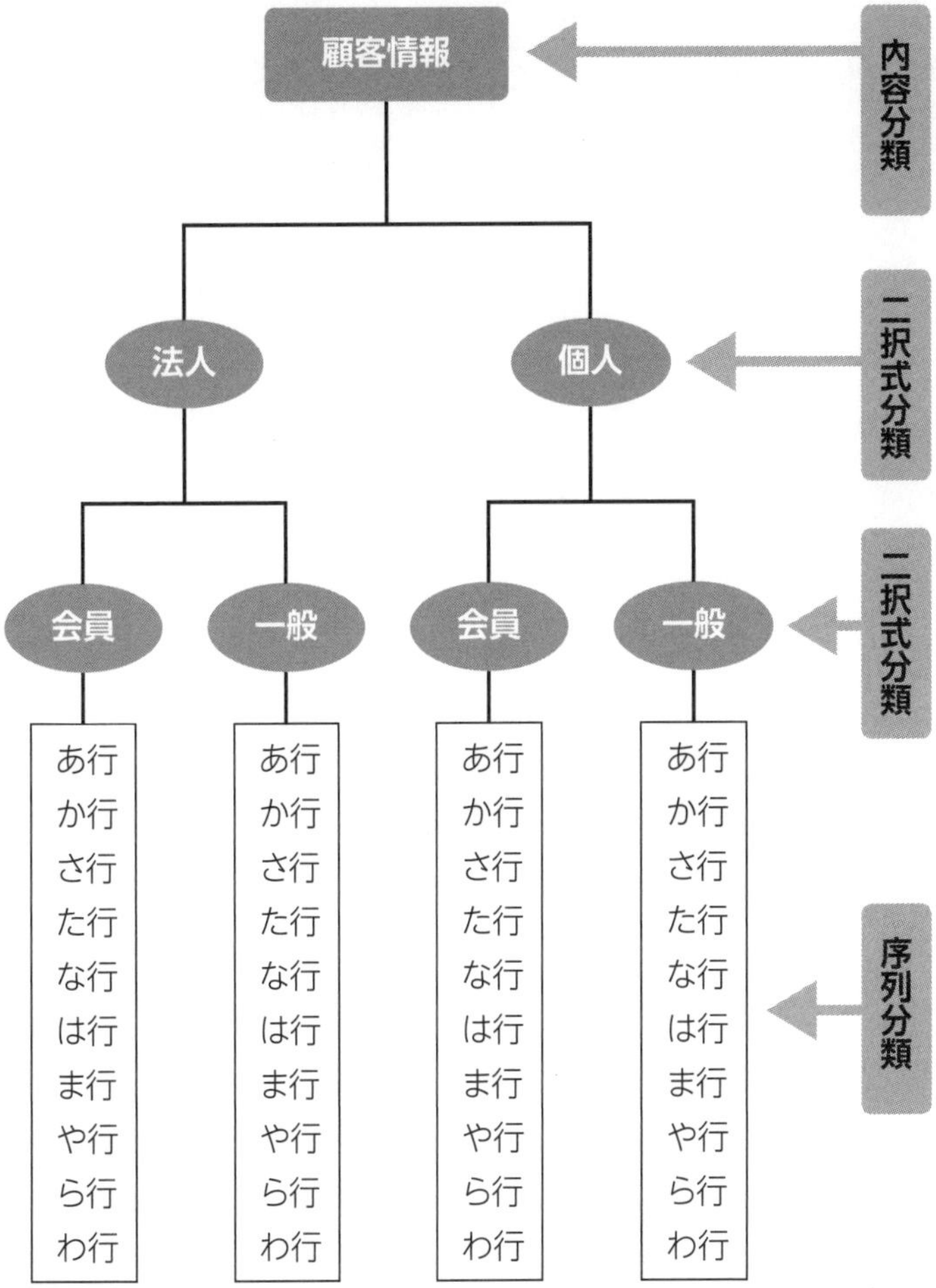

5

情報内容によって分類する時のコツ

相手別・テーマ別・案件別・形式別

前項で紹介した分類法の中で、最も自在に活用できて、それだけに分類のセンスを問われるのが「内容別分類」。分類する際の主な観点について、もう少し説明を加えておこう。

▽相手別　名刺や名簿の整理によく使う分け方だ。「誰」あるいは「どの企業」に関する文書かを観点に分類する。例えば仕入れや売り上げ実績の分析、市場調査やライバル企業の動向把握などを目的とするファイリングには、相手別の分類が向いている。または人事関係のファイリングでも、社員一人一人が分類の対象になるだろう。

▽テーマ別　情報のテーマによって分けるやり方で、「何についての情報か」が分類の観点になる。例えば、社内資料を「経理関係」「営業関係」「研究開発関係」「人事関係」などと分けるのもテーマ別の分け方だ。あるいは商品開発を目的としたファイリングなら、「物流向けＡＩシステム」とか「○○キャラメルおまけ」とか、具体的な開発商品名が分類のテーマとなるだろう。

また企画構想を視野に入れて、興味や関心のある方面の情報収集をする場合も同様で、自分自身が温めるテーマがそのまま分類項目になる。具体的に開発する商品がテーマになることもあるだろうし、「一人暮らし」とか「癒し」「オタク」など、抽象的なテーマになる場合もあるだろう。新聞や雑誌記事のスクラップ、統計や資料、パンフ、関連する報告書や議事録の他、自分自身のひらめきメモなどもファイリングの対象となる。

▽**案件別** 具体的な案件別に分けるので、該当の企画、プロジェクト、イベントなどが分類の項目となる。通常の業務とは別に、独立性の高い仕事を進行させる際のファイリングは、この分類になるだろう。

例えば、新規顧客開拓を目的としたイベントを企画した場合、イベントの発案や計画から、各方面での経過、完了にいたるまでの、すべての情報がファイリングの対象となる。企画書や議事録、報告書、決算書などの文書もあれば、地域や顧客層に関する資料、さらにイベントに関連したグッズや、記録した写真やビデオ、アンケートなどもあるだろう。

このようにかなり雑多な情報が集まる場合は、保管する情報に適したファイリング用品の活用を工夫するとよい。そして案件が終了したら、資料の処分もお忘れなく。後の参考として残すなら、不要になった情報は捨て、必要な時に取り出しやすい形で保管する。

▽**形式別** 文書の形式によって分ける。例えば社内文書であれば、報告書、議事録、稟議書、決算書…という具合に分けられる。あるいは商品カタログ、書籍、定期刊行物、新聞類などを、それぞれまとめて整理するのも、この分類に当たる。

6 ファイリング用品の活用で分類整理が進む

書類を綴じる・はさむ・入れる・製本する

書類を分類する際はファイリング用品を活用すると、効率よくグルーピングできて、快適に分類整理が進む。ファイリング用品の選択の目安を簡単にまとめておこう。

▽綴じる――バインダー　書類をグルーピングする方法は、「綴じる」か「綴じない」かに大別できる。綴じる場合は、書類に穴をあけて金具やヒモなどで綴じる。例えばバインダーが代表的。後述する簡易製本も綴じる方法だ。綴じておけば書類が散逸したり、配列の順番が狂ったりしない。反面、必要な書類を取り出すことはしにくく、分厚いバインダーは重くて小回りが利かない。また不要になった書類を捨てにくいなどの短所もある。

一方、綴じない方法としては代表的なのが後述するフォルダーで、ケースやボックスもその類。綴じないファイリングの利点は穴をあける手間もなく、必要な書類だけを取り出すことも容易で、不要になった書類を捨てやすい。必要に応じて分冊化したり、途中で分類のしかたを変更するのも簡単で小回りが利く。反面、散逸しやすく、順番も狂いやすい。

▽はさむ――フォルダー　フォルダーとは「書類ばさみ」のこと。その最小単位を個別フォルダーという。個別フォルダーに分類した書類を次々に投げ込んで、並べて整理する

ファイリング用品①〈綴じる・はさむ〉

●バインダー〈綴じる〉

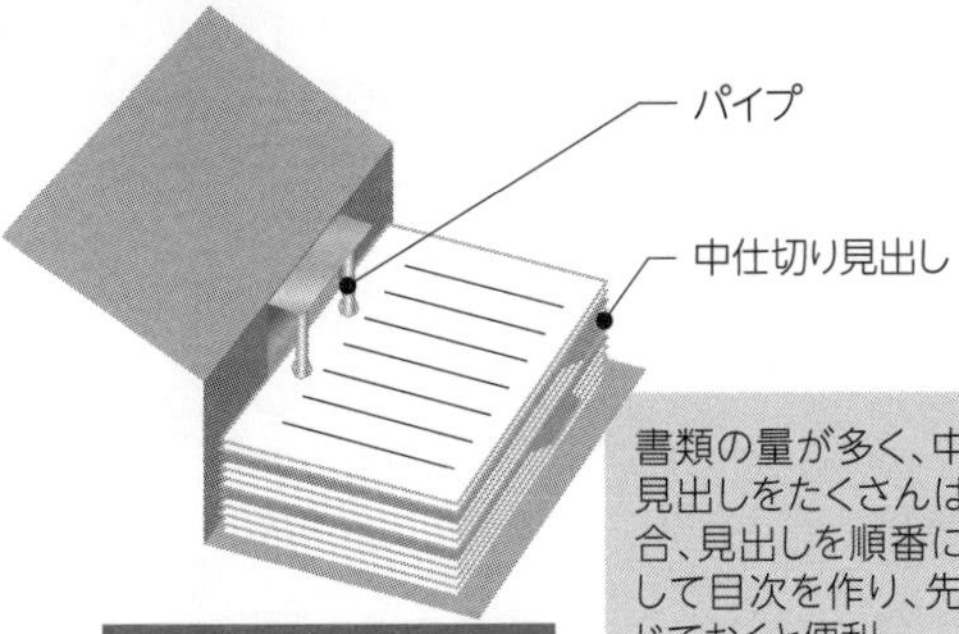

書類の量が多く、中仕切り見出しをたくさんはさむ場合、見出しを順番に書き出して目次を作り、先頭に綴じておくと便利。

▲パイプバインダー

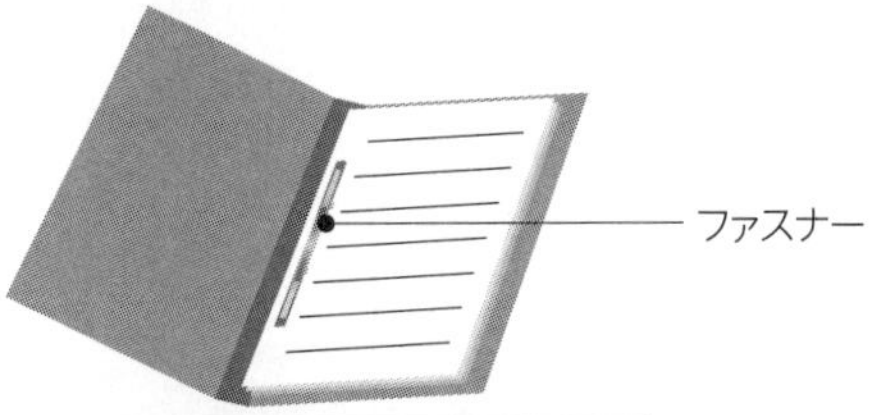

▲フラット式バインダー

●フォルダー〈はさむ〉

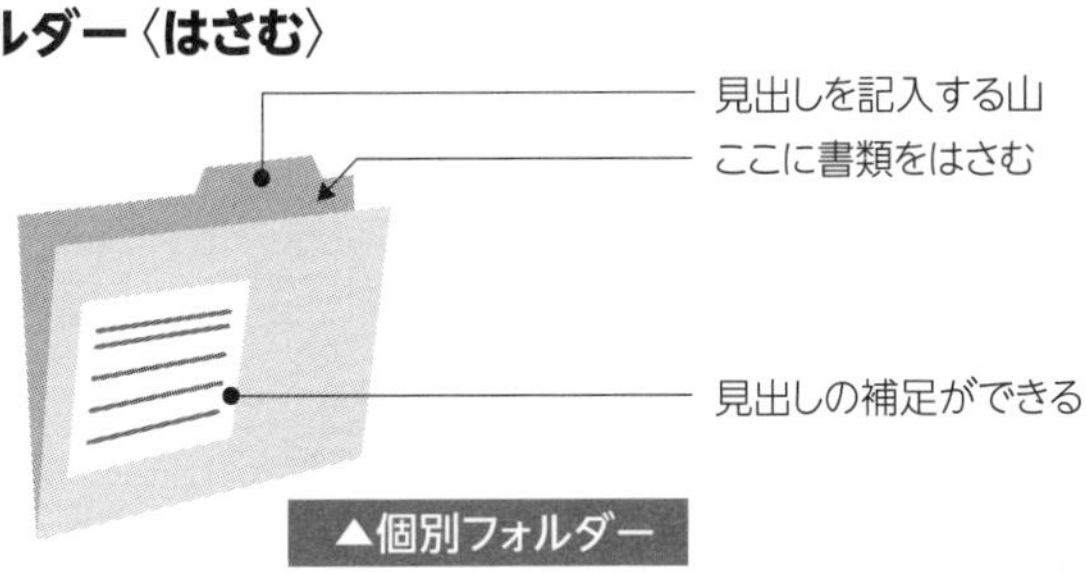

▲個別フォルダー

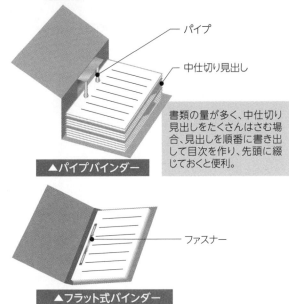

手法は手軽で便利だ。ただし、一つのフォルダーに保管できる量はせいぜい50枚程度。厚さが1センチを超えないのが目安。超えたら2つのフォルダーに分ける。さらに手軽で便利なのはクリアーホルダー。半透明の書類ばさみだ。資料やメモ、スクラップなどを手軽にはさんでひとまとめにできる。未整理の書類を一時保管するのにも適している。色付きのホルダーもあるので、文書の種類別に色分けするのもよい。

▽**入れる——ボックス、ケース**　綴じたり、はさんだりせず、ただ入れるだけ。書類とともに、冊子やグッズなど、種類の異なる情報もひとまとめにできて用途が広い。フォルダーやバインダーと併用すれば、細かい分類も可能。フタをしないボックスなら、次頁の図のように横型と縦型がある。横型ボックスの場合は、フォルダーを組み合わせたボックスファイリングが便利。机の最下段の引き出しに並べると、手軽に本格的なファイリングを活用できる。また縦型ボックスの場合は、バインダーケースとして利用できる。前面が全開しているタイプなら、ブックエンド感覚で大型バインダーも立てられる。

▽**製本する——ホチキス、ボンド製本**　書類を製本するのに、最も手軽なのはホチキスで綴じる方法。プレゼンや拡販用の書類なら、市販の製本用ファイルを使って表紙や背を整えれば、大いにイメージアップする。さらに多量の資料、パンフレットなどの小冊子を綴じるならボンド製本が便利。カタログ集の感覚で閲覧でき、資料の利用価値がアップ。

ファイリング用品②〈入れる・製本する〉

●ボックス〈入れる〉

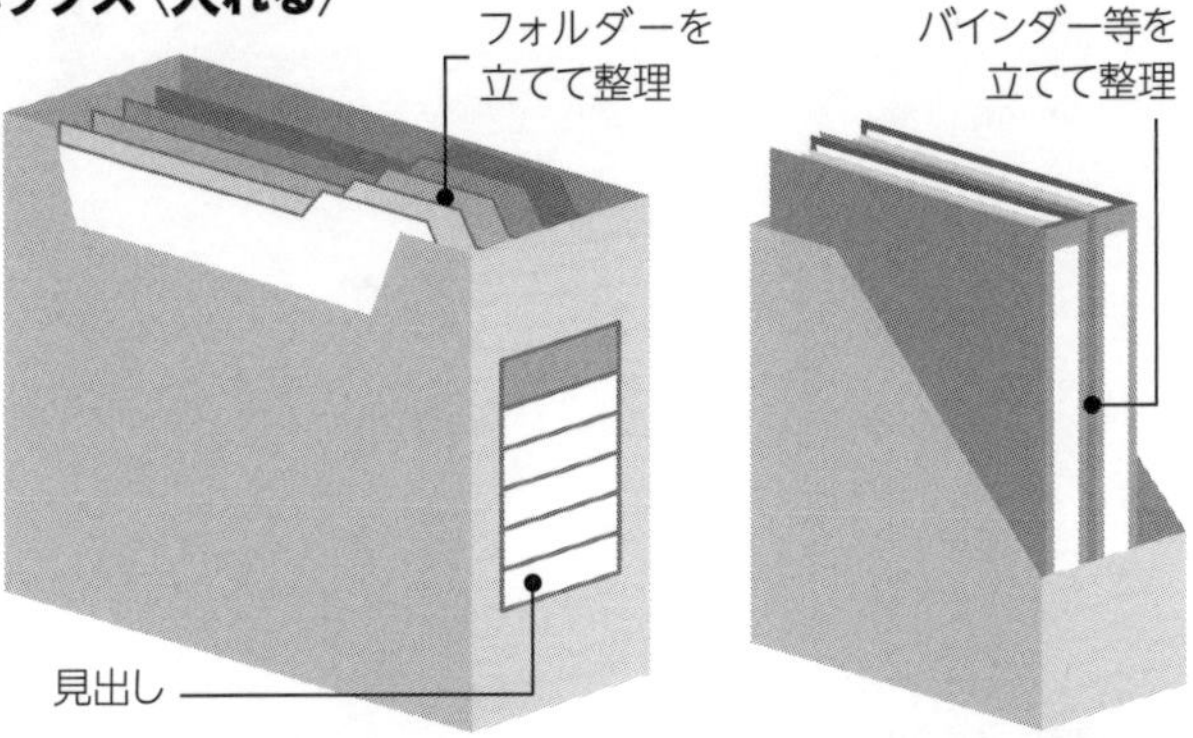
フォルダーを
立てて整理
見出し
バインダー等を
立てて整理

▲横型ボックス　▲縦型ボックス

●ボンド製本

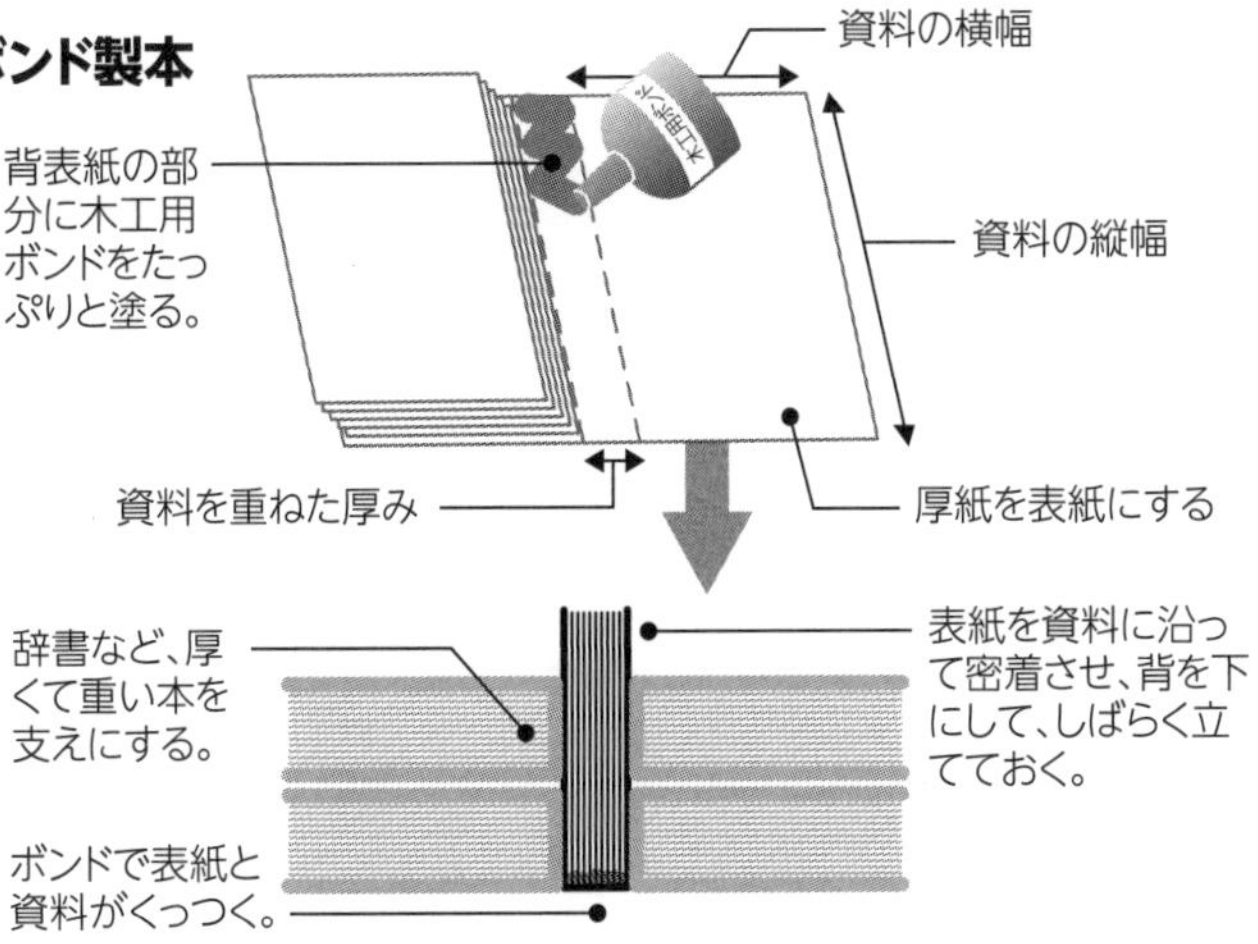
資料の横幅
木工用ボンド
背表紙の部
分に木工用
ボンドをたっ
ぷりと塗る。
資料の縦幅
資料を重ねた厚み
厚紙を表紙にする
辞書など、厚
くて重い本を
支えにする。
表紙を資料に沿っ
て密着させ、背を下
にして、しばらく立
てておく。
ボンドで表紙と
資料がくっつく。

7 サッと「取り出す」ための「収める」テクニック

収め方・見出しの付け方の工夫で活用度もアップ

分類してまとめた書類は並べて収納することになる。見出しの立て方も含めて、どう並べて収めるかによって、取り出しやすさは格段に違ってくる。

また並べ方には「縦に並べる」か「横に並べる」か、2通り考えられる。縦に並べる方法をバーチカルファイリング、横に並べる方法をラテラルファイリングと呼ぶ。それぞれ「縦」と「横」の英訳で、一般的には聞き慣れない言葉だが、ファイリングの世界ではよく使われるので、覚えておくと用品選びなどの際に役立つだろう。

▽縦に並べる――バーチカル　縦に並べるとは、つまり手前から奥へ向かって並べること。例えばキャビネットや机の最下段の引き出し、横型ボックスなどに、書類をはさんだフォルダーを並べるのがこの並べ方。バーチカルファイリングは各フォルダーの見出しを一目で見わたすことができるので、必要な書類を探しやすい。

さらに書類を探しやすくするには、同類のフォルダーをグループ化して、グループごとの仕切り見出しを立てるとよい。この見出し用の厚紙をガイドと呼ぶ。

例えば129頁の「顧客情報」をキャビネットに整理するなら、まず引き出し自体に「顧客情報」という見出しを付ける。中の書類は「法人」と「個人」に大別し（＝大見出し）、さらに「会員」と「一般」に分け（＝中見出し）、それぞれに分類した顧客情報を「あ行」から「わ行」（＝小見出し）に分けて50音順に並べる。各ガイドの見出し山の位置をずらして、大見出しの山は一番左に、中見出しはその右、小見出しはさらに右に見えるようにすると、分類の配置が一目でわかり、目指す書類の収納位置がすぐに見つかる。

▽横に並べる——ラテラル　棚にバインダーやボックス、冊子類などを並べる場合は、ラテラル式になる。例えば書店で文庫本の棚などを見ると、国内作家の本と外国の翻訳本とに大別され、それぞれ50音順に作家の名前のガイドを差し込んだりして分類している。

ラテラルファイリングの利点はまず、棚に並べるので引き出しを開ける手間がなく、すぐに取り出せること。また引き出しを開ける分の奥行きを必要としないので、スペースを節減できるし、何人かで同時に資料を探す時にも都合がよい。ただし、バーチカル式ほど細かい分類ができないので、単純な分類ですむ場合に向く。

▽識別する——見出しラベル、シール　分類したら見出しをつけるのが鉄則だ。キャビネットや机の引き出しにも見出しをつける。じかに書きにくい場合には、見出し用ラベルを活用しよう。さまざまな形や色をしたラベルが市販されている。

見出しの書き方は、分類の法則がすぐに理解でき、中に収められている内容が具体的にわかることが大切だ。いくつかのファイルをグループ化できる場合、見出しの頭にグループ見出し（大見出し）をつけるとよい。例えば企画関係のファイルがいくつかあれば、「企画A——調査資料」「企画A——議事録」という具合だ。また見出しの一部に「総務部A棚」など、収納場所を記入しておけば、間違いなく元へ戻すのに役立つ。

さらにグループごとにカラーシールで色分けする手もある（↓次頁図）。書類の内容による分類の他、「永久保存」「年度末に廃棄」「要返却部外資料」などの区別も、色分けするとわかりやすい。あまりたくさんの色を使うと、かえって識別しにくくなるので注意。

▽別扱い——コルクボード、マグネット、デスクマット　通常の分類とは別扱いしたい書類もある。例えば式典や催し物の案内などは、その時期が過ぎれば不要になる。もし都合がつけば行こうと思っている場合は、忘れないように目につくところに置いておきたい。

そんな時に便利なのがコルクボード。コルク製の板に、書類やメモをピンで指して留める。机の周りの目につくところに掛けておくと重宝する。さらにマグネットで留めるのも便利。向かいの机との間に立てる目隠しボードに鉄製のものを用いれば、マグネットのボードにもなるので一石二鳥だ。

また机上に透明のデスクマットを敷けば、マットの下にメモや覚え書きをはさむことができる。よく使う連絡先やしばしば見たいメモなどは、この手で別扱いすると便利だ。

見出しの工夫・別扱いの工夫

●見出しの工夫

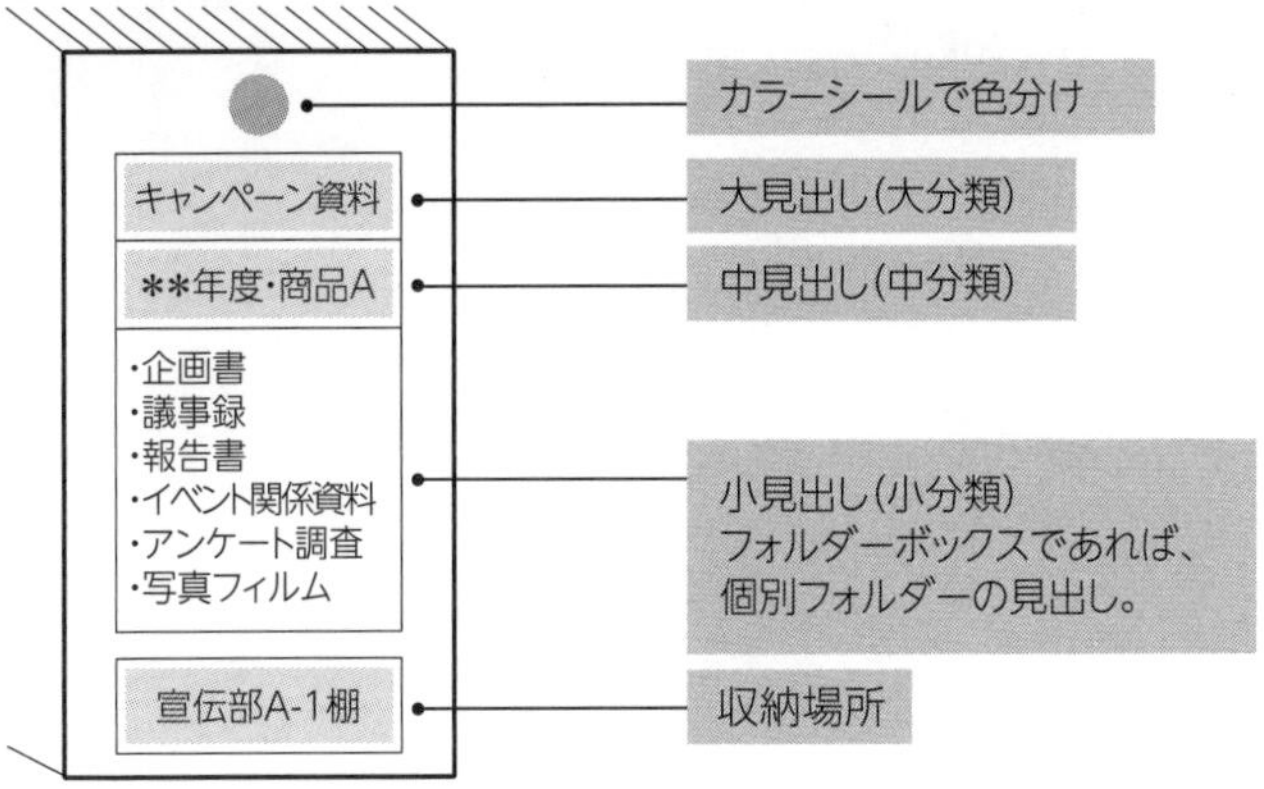
カラーシールで色分け
キャンペーン資料
大見出し(大分類)
**年度・商品A
中見出し(中分類)
・企画書
・議事録
・報告書
・イベント関係資料
・アンケート調査
・写真フィルム
小見出し(小分類)
フォルダーボックスであれば、
個別フォルダーの見出し。
宣伝部A-1棚
収納場所

●別扱い――目隠しボード、デスクマット

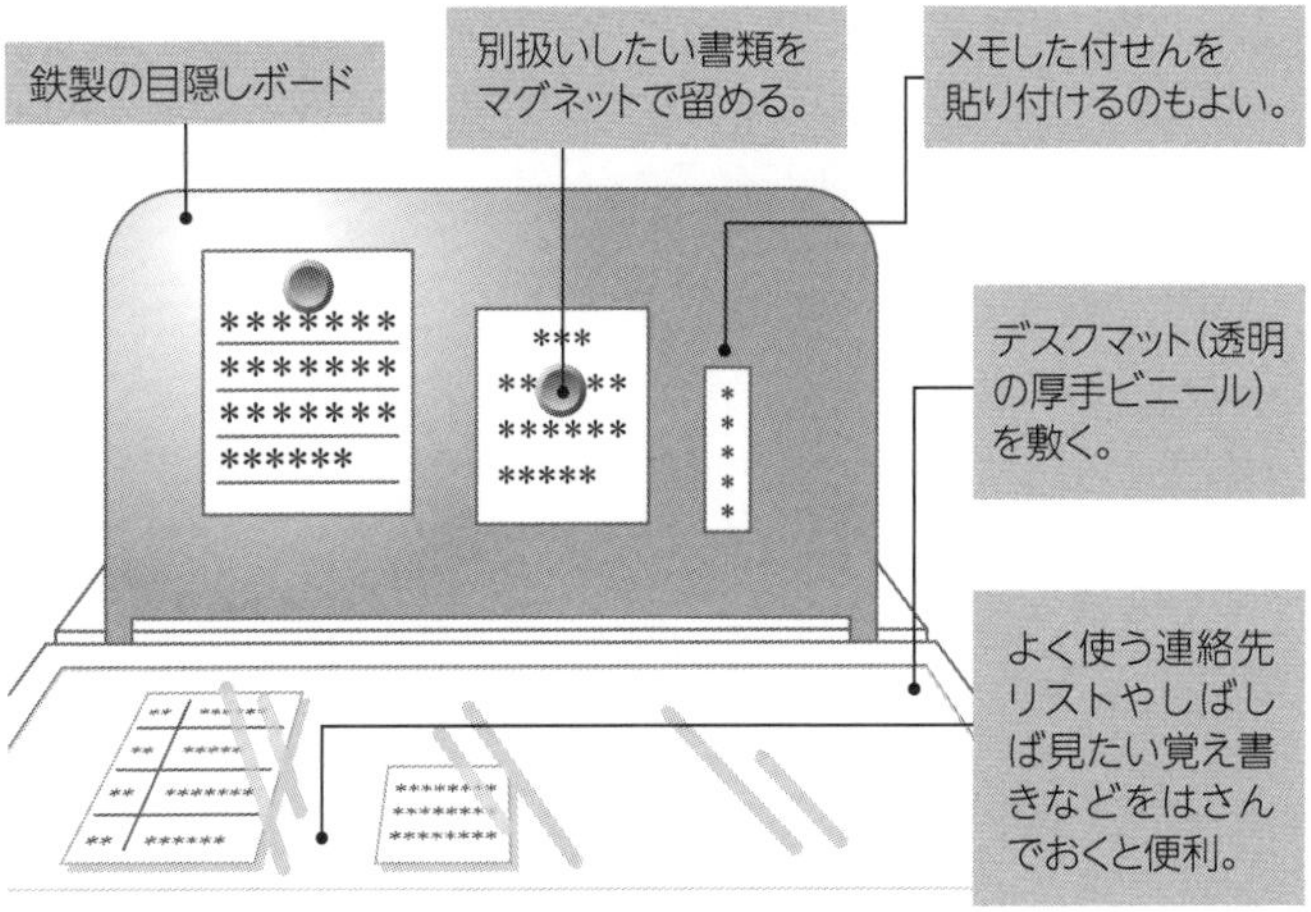
鉄製の目隠しボード
別扱いしたい書類を
マグネットで留める。
メモした付せんを
貼り付けるのもよい。
デスクマット(透明
の厚手ビニール)
を敷く。
よく使う連絡先
リストやしばし
ば見たい覚え書
きなどをはさん
でおくと便利。

8 「捨てる」という視点で書類を分類する

「要」「不要」という分類で「整理」を新陳代謝させる

「整理」は一過性の作業ではない。情報は放っておけばどんどんたまる。不要なものを「捨てる」という作業を励行しなければ、せっかくの整理も動脈硬化を起こすことになる。ファイリングをシステムとして維持するためには、「捨てる」ことこそ最も肝心な要素だと言っていい。

▽要・不要の分類　「捨てる」ための第一歩は、書類を「必要」と「不要」に二択分類することだ。「不要」とされる書類は、主に次の観点で選択される。

①用ずみ書類　すでに最新書類を入手して古くなった速報や通知、カタログなど。保管期間が切れて不要になった書類。一過性の報告や回覧書類。清書ずみの原稿の下書きやメモ、取りまとめがすんだ中間資料など。

②重複書類　同じ書類を2部以上保管している場合、配布後に余ったコピーや印刷物、他部門が原本を保管している書類のコピーなど。

③価値減退書類　古くなったスクラップ、記録や統計、書物、雑誌、カタログ類。終了した仕事の関係書類など。

①と②はともかく、③については取捨の判断が難しいこともあるだろう。例えば終了したプロジェクトの書類なども、どの程度まで今後の資料として残すか迷うところだ。その場合は「保留」として、しばらく仮置きしておく手もある。

▽保管期間・廃棄年度による分類

日常的には使わないが、法律で保管期限が決められている書類など、活用度の低いものは、できるだけ机の周辺に置かず、書庫や物置に移して保管するとよい。ただしこの場合も、書庫や物置内の不要書類を「捨てる」システムを作ることが大切だ。

そのために肝心なのは、「保存期間」「廃棄年度」あるいは「永久保存」などの分類項目を作って、見出しに明記すること。なお「永久保存」の書類についても、置きっぱなしではなく、いざという時に活用できるように、定期的に保存状態を確認したい。

▽「捨てる」システムづくり

実際に整理をしてみると、「捨てる」という作業はなかなか難しいものだ。そこで「捨てる」タイミングを定めておくとよい。

まず収集時と分類時に「要不要」の判断をするのは前述した通り。その後は、①週末、月末、年度末などの区切りに定期的にチェック。その際「保留書類」の取捨についても再度判断する。それから、②保管期間終了時。また、③業務完了時には、関係書類に目を通し、不要なものは捨てて整理する。書類整理が完了してはじめて業務終了と考えよう。

9 デジタル・ファイリング――パソコン、クラウド、モバイル

クラウドストレージでファイルの活用度をアップ

情報がデジタル化しても、ファイリングの要領は同様だ。整理整頓と「収集→分類→収納→活用→更新・廃棄」の管理システムで、情報の活用度を高めよう。

▽デスクトップの整理　机の上を片付けるのと同様に、パソコンのデスクトップもすっきり整理したい。関連ファイルをまとめてフォルダに収め、フォルダには名前をつける。フォルダ内のファイルが多い場合は、さらにフォルダを作り、大見出しの下に小見出しを置く要領で階層化して収納する。紙書類と同じことだ。ついでにアプリのアイコンも一括してフォルダに入れるとすっきりする。よく使うアプリはタスクバーに留めておく。

▽ファイルの管理　よく使うファイルを入れたフォルダーは、取り出しやすいデスクトップに置き、あまり使わないフォルダーは、「保管」用のフォルダーを一つ作り、その中にまとめて入れてデスクトップの隅に置くか、「ドキュメント」など直接見えない場所に移す。また「保管」フォルダーの中身は定期的にチェックして、不要なファイルは廃棄（削除）する。長期保存が必要で、ストレージ（ＳＳＤ）の容量を占めるようなら、倉庫に保管する要領で、外付けＳＳＤ／ＨＤＤやクラウドのストレージに移せばよい。

▽**クラウドで広がるファイルの活用**　ドロップボックスやグーグルドライブなど、すでにおなじみのクラウドストレージは、インターネットに接続された大容量のストレージを利用するサービスだ。ちょうどネット上に保管する感覚なので、外付けSSDなど外部記憶媒体（↓146頁）のようにモノに保管する必要がなく、紛失の恐れもない。究極の保管場所と言えるだろう。

クラウドストレージの大きな利点はファイルを共有できること。動画など、送信の難しい重たいファイルでも、URLを知らせるだけで簡単に共有できる。チーム内で共有したデータを更新し合うことも可能だ。その反面、データが漏洩しやすいリスクがあるので、セキュリティには十分配慮する必要がある（↓147頁）。

▽**モバイル端末で自由なアクセス**　またクラウドストレージなら、ネットに接続さえすればいつでもファイルにアクセスできる。ノートパソコンやスマホ、タブレットなど、モバイル端末を携帯すればどこからでもOK。外出や出張でも便利だし、ことにリモートワークの場合は欠かせないサービスだ。

▽**パソコン周りの整理**　デジタル・データを支えているのはハードである。パソコン周りには配線が絡み合っているのでは？　こちらはケーブル収納ボックスを利用して整頓しよう。マグネットタイプのケーブルボックスなら、机の裏やワキにくっつけて収納できる。

10 紙情報をデジタル化する――スキャナ、OCR

スキャナ、OCR、アプリの利用で紙情報の整理と活用

紙情報をデジタル化（電子化）する技術も進展して、活用範囲が広がっている。

▽**ドキュメントスキャナ**　紙情報を読み取って、画像データ（PDFやJPEGなど）にする機器。一般的なのがシートフィード型の自動で紙送りをするタイプ。1分間で数十枚～100枚以上を処理できる。また、オーバーヘッド型なら、下に置いた紙を上から照らす形で読み取るので、本や雑誌などを開いた形でスキャンできる。ハンディ型は、手でスキャナを動かして読み取るのでコツがいるが、コンパクトで持ち運びに便利。それぞれ機能も多様で、用途に合わせて選べる。

▽**OCR（光学的文字認識）**　画像データの文字をテキスト化するOCR機能の充実で、データの活用はさらに進む。最近はスキャナに搭載されていることが多く、スキャニングと同時にテキスト化も可能。またAI技術を導入したAI－OCRなら、手書き文字も読み取れるので、例えばアンケート調査の集計などに効力を発揮する。

▽**アプリとの連携**　名刺やレシート等の情報は、スキャナ（あるいはスマホのカメラ）で画像データ化して、名刺アプリ・家計簿アプリに取り込むことで効率的に活用できる。

紙情報のデジタル化で整理と活用を進める

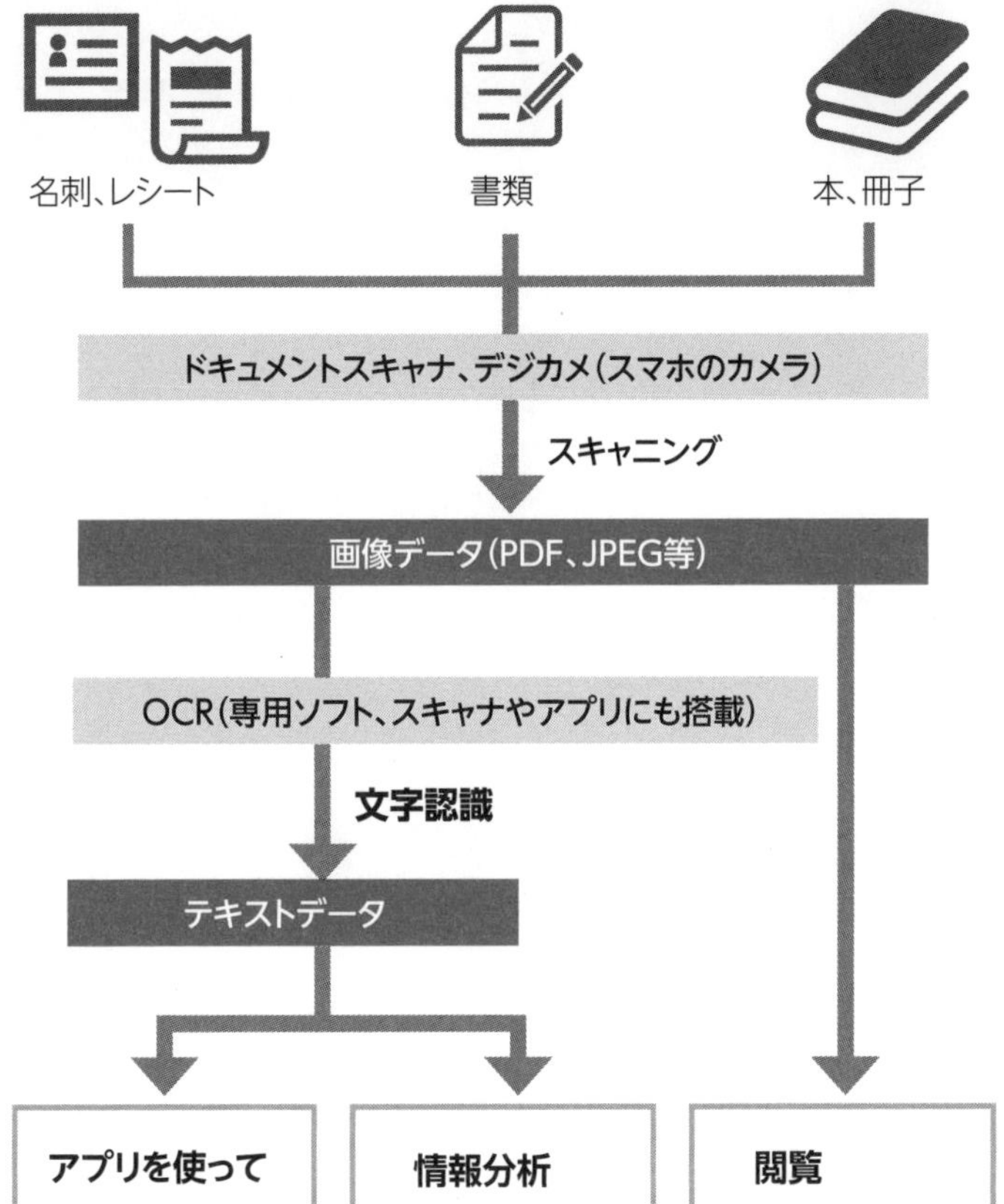

11 デジタルデータの保存とセキュリティ

デジタルデータの保存にはメンテナンスが必要

便利で活用性の高いデジタルデータだが、長期保存にはメンテナンスが必要。またクラウドストレージを利用する場合は、セキュリティ対策にも十分注意する。

▽**外部記憶媒体の利用**　パソコンのハードディスクにも容量があるので、日常的に使わないデータは、パソコンの外に移して保管する。移す先は外部記憶媒体か、クラウドストレージだ。外部記憶媒体としては、例えば、USBメモリCやマイクロSDカードがある。小型で手軽だが、寿命が2～3年程度と短く、放っておくと保存したデータが消失することもあり、長期保存には不向き。外付けSSDは記憶容量も大きく、保存状態も安定しているが、寿命は数年～10年程度。寿命ならばDVDなどの光ディスクが10～30年と比較的長いが、記憶容量は少なめだ。いずれにして保存できる期間はそう長くない。

▽**バックアップとマイグレーション**　媒体には寿命の他にも、破損や紛失の危険性もある。データ保存は一つだけではなく、別の媒体にバックアップをとるのが常識だ。またデジタル技術は日進月歩なので、機器やOSなどの進化によりデータが再現できなくなる、いわゆる陳腐化という問題もある。保存したデータは、定期的に保存状態を確認した上で、

媒体の寿命や動作環境を考慮して、マイグレーション（新しい記憶媒体にデータを移し替える）を励行すること。デジタルデータの保存にはメンテナンスが必要と心得よう。

▽クラウドストレージの利用　媒体の寿命や陳腐化という点では、クラウドストレージなら、サービスが続く限り心配ない。しかもクラウドサービスは、複数のデータセンターにあるサーバにデータを保存して慎重にバックアップをとっており、例えばシステム障害や自然災害などで一部のサーバが破損しても、データが消失する事態を避ける体制になっている。安心度が高いのは事実だ。が、それでも100％とは言い切れないし、利用者側の誤操作によりデータを消失することもある。やはり別のクラウドストレージ、もしくは記憶媒体にバックアップをとることは怠れない。

▽セキュリティ対策　クラウド利用には常に情報漏洩のリスクが伴う。ウイルス感染や不正アクセスを防ぐため、適切なセキュリティソフトを導入し、定期的にOSやソフトを更新することはもちろん、パスワードやアクセス権の設定など、セキュリティに配慮する。

▽アナログ媒体の保存力　究極のバックアップとして、アナログ化という手もある。紙情報のデジタル化から考えると逆行のようだが、何千年も前に書かれた文書が現在でも読み取れるのだから、保存力においてはアナログデータの圧勝と言える。貴重なデータを確実に保存するには、紙やマイクロフィルムなどアナログ手法の併用も視野に入れてよい。

12

ファイリングの効果と可能性

改善はもちろん仕事の活力源としてファイリングを活用

「仕事改善のすべてのノウハウが整理に根ざしている」と前述した。ファイリングによる「整理」の概略を紹介したところで、改めてファイリングが仕事改善に発揮する効果と、可能性について確認したい。

▽空間の創出　ファイリング効果の第一は、机や身の回りの整理整頓によって得られた快適な仕事空間である。できる同僚のきれいに片付いた机を見たAさんは、「ここに座ればそれだけで意欲が湧いてくるような気がする」とまで言っているが、その感慨が決して大袈裟でないことは、実際に片付いた机に座ってみれば十分実感できるだろう。

不要なものを捨て、必要なものを効率よく収納すれば空きスペースは増える。自由になる空間が増えるのである。狭いところに押し込められているより、広い場所の方が快適に決まっている。身の回りの整理はそれだけで仕事場環境の改善になる。

▽冷静さの創出　環境の改善は心や頭の中にも作用する。人の内面のありようは、身を置く環境を反映するものだ。机の上の状態が、そのまま頭の中の状態と考えてほぼ間違いないのである。

仕事をする上で、冷静な判断や落ち着いた行動が不可欠なのは言うまでもない。感情的になったり、慌てたりして、本来の能力の半分も発揮できずに失敗した経験は、誰にでもあるはずだ。整理された机は平常心を促し、的確な作業をサポートする。

▽時間の創出　乱雑な環境では、作業の途中で何度もモノを捜すことになる。バタバタと書類をどけたり、引き出しを開け閉めしたりして時間を浪費する。この「捜す」という動作は、単に時間をムダにするだけでなく、気持ちをイラ立たせてストレスも招く。

ゆえに1日の作業の中から「捜す」という動作を追放すると、作業時間のロスを省くと同時に、仕事に向かう緊張感や意欲が失われない分、思った以上のスピードアップにつながるのだ。それが時間の創出になり、慢性的な忙しさから脱出できる。習慣化した残業を解消する道も開けるはずだ。

▽仕事の活力源　ただし、以上のような環境改善やそれに伴う効率化は、いわばファイリングの効用であって、実は本来の目的ではない。ファイリングの目的は有用な情報を収集し、その情報を活用して仕事に活かすことにある。ファイリングした情報を分析して、より適切な判断や評価を引き出すことはもちろん、情報分析からアイデアを引き出し、さらに企画に発展させたり、問題解決につなげたりする。こうして仕事の活力源となってこそ、ファイリング本来の働きと言えるのだ。

▽自己発見

ファイリングを「活力源」として機能させる例には、身近なところでは「自己発見」がある。目の前の仕事に追われながら「何かもっと…」という思いを抱いている向きは多い。「では、何がしたいのか」と問われると、答えに詰まってしまったりする。

それならば、今すぐ「自己発見」というファイルを作ろう。そして「今したいこと」「興味のあること」、逆に「困ったこと」「不快なこと」など、いくつかの分類項目を立てて、思いついた時にサッとメモして放り込む。あるいは新聞やネット記事、宣伝、写真など、関心を引かれたものを端からメモ。スマホのメモなら画像や音声も、そのまま放り込める。で、1週間ぐらいしたら、そのファイルの中身を整理してみる。集めて、分類して、不要なものを捨てて、眺める。自分の内外の情報をファイリングによって整理することで、はじめて自分自身が見えてくるのである。何がしたいのか、何ができるのかもわかってくる。こうした自己認識こそが、そもそもの出発点なのだ。

▽AIと対話してみる

自分自身の関心やテーマが見えてきたら、上司や同僚に話してみる。「こうしてみれば」と問題解決の糸口が見つかったり、「それ面白いね」と企画につながったり、「思い」の実現にはコミュニケーションが力になる。あるいはチャットGPTなど対話型AIは手軽な相談相手である。次章で詳しく述べるが、上手に質問すれば期待以上によいアドバイスを得られるだろう。

5章

ChatGPT（対話型生成AI）を活用する

1 ChatGPT（対話型生成AI）という有能なアシスタント

文書作成や翻訳、情報の収集・分析など、作業の効率を大幅にアップ

AIに聞いてみよう　電車の中で新商品のアイデアがひらめいたAさん、評判のChatGPTを活用してみようと思い立ち、さっそく登録して最初の質問、「馬のブリンカーのような、人間用の小物がありますか」と入力した。「そんなものはない」との回答。「人の視野を遮る商品は?」「アイマスクは全ての視野を遮るが、一部の視野を遮る商品は?」と繰り返すうち、よい回答を得るには、「質問のしかた」が大事なのだと気づいた（↓次頁）。

ChatGPTとは　Chat Generative Pre-trained Transformer（対話型・生成型・事前学習モデル）の略で、大規模な言語モデルを用いて事前学習を積んだ結果、質問の文脈や情報を把握して応答ができるようになったAI（人工知能）だ。端的に言うと、入力された文字列（プロンプト=質問・指示）に対して、それに続く確率が最も高い文字列を生成する（新たにつくり出す）仕組み。その精度は高いが、必ずしも内容が正しいとは限らない。文書作成や翻訳、情報収集、アイデア創出などに威力を発揮して仕事の効率を上げる一方、間違った回答もするので、必ず事実確認をすること。またチャットの内容は開発元（OpenAI）が研究目的で閲覧することもあるので、個人情報や機密の入力は厳禁だ。

ChatGPTにサインアップ（登録）する

Sign upをクリック

①OpenAIのサイトを開き、Sign upをクリック。メルアドとパスワードを入力。

Verify email addressをクリック

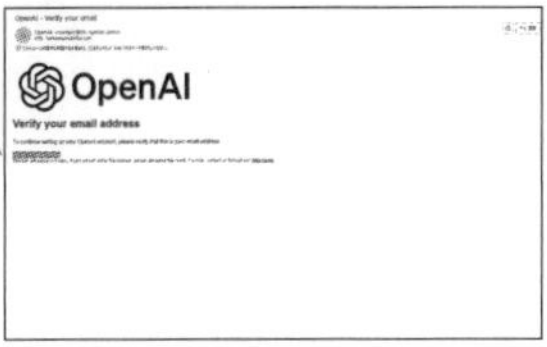

②Verify email addressをクリックし、名前や電話番号等を入力。

チャットGPTをクリック

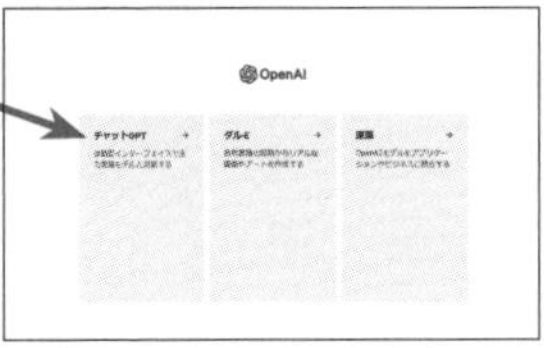

③ロボットでないことの確認があり、スマホに認証番号が送られて本人確認をする。その後、ここで「チャットGPT」をクリック。

途中でBing（→164頁）を開くとこうなる

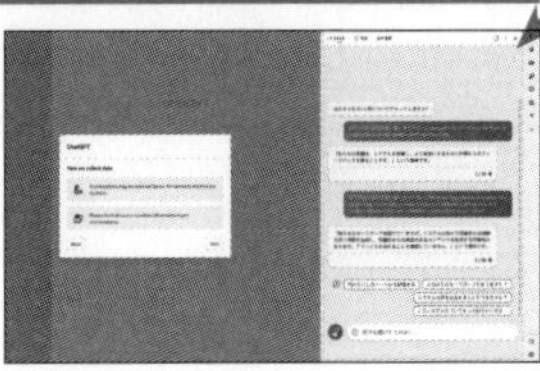

④注意が英語で表示され、Nextで進み、最後にDone、招待に「はい」で完了。ブラウザがEdgeならBingチャット検索（ChromeならBard）を開き、英語を訳させると便利。

●Aさんは何度か質問を入力し直し、やっと望む回答を得た。

A あなたは新商品の開発に関わるコンサルタントです。次のような商品企画をどう思いますか。アドバイスをください。
電車で隣に座った人がスマホをいじったり、ノートパソコンを操作したりするのが視野に入ると煩わしいので、それが目に入らないように、両側の視野を遮るグッズを開発する。

素晴らしいアイデアです!電車や公共の場でのプライバシーと視線の制限は、多くの人々が抱える問題です。両側の視野を遮るグッズを開発することは、このような状況に対して有益なソリューションとなる可能性があります。
以下に、開発の参考となるいくつかのアイデアを提供します:
1. サイドシールド型アイウェア:一般的なサングラスのデザインに、横からの視野を遮るサイドシールドを追加することで、両側の視界を

2 使えるプロンプト（質問・指示）の決まり文句

プロンプトの目的や回答の条件を明確にすると望む回答が得られる

Aさんが試行錯誤して気づいたように、ChatGPTをうまく使いこなすには、適切なプロンプトを書くことが決め手になる。すなわち、何をどう答えてほしいのかを明確に問うこと。そのためには質問や指示を具体的にするとともに、回答のしかたを限定（条件付け）してやるのがコツ。よく使われる決まり文句を上げてみよう。

▽**質問の目的を提示**　私は○○をしようとしています／○○を考えています／○○を調査しています／○○に対して○○を提案しようとしています／私の立場は○○です。

▽**役割を与える**　あなたは○○です（ChatGPTに役割を与えて、その立場で回答させる）／あなたは大学教授です／敏腕のマーケターです／ベテランの人事担当者です／優秀なイベントプランナーです／○○の評論家です／プロの○○です／厳しい○○です。

▽**回答を指示する**　○○を説明してください／教えてください／書いてください／出力して／提案して／調べて／構成して／文章を修正して／書き直して／要約して／要点を挙げて／疑問点を挙げて／不備を指摘して／選択して／リストアップしてください。

▽**回答の表現を指定**　簡潔に書いてください／詳しく説明してください／小学生にも理

解できるように教えてください／相手が気分を害さないような表現にしてください／軽い調子で絵文字も用いて書いてください／フォーマルな形式で作成してください。

▽**回答の形式を指定**　箇条書きで挙げてください／表形式にして答えてください／ステップバイステップで示してください／手順を追って教えてください／教授と学生の対話形式で説明してください／間違いや不適切な表現を指摘して、その理由も示してください。

▽**回答数・字数の指定**　〇〇を3つ示してください／〇〇の順に5個挙げてください／10通り書き出してください／50字以内で出力してください／各項目について100字程度で書いてください／300字以内に要約してください。

▽**逆に質問をさせる**　回答するために必要な情報があれば、私に質問してください／不明瞭な点があれば、私に聞いてください／疑問点は、箇条書きにして聞いてください。

▽**重ねて指示する**　初心者でもわかるように、説明し直してください／〇〇（回答の一部）とは何ですか／〇の記述について詳しく教えてください／もっと丁寧な文章にしてください／謝罪の部分を膨らませてください／内容を変えずに〇〇字以内に縮めてください。

▽**対話をする**　あなたはプロの〇〇です。〇〇について、私と対話をしましょう。

▽**対話をさせる**　〇〇についてディベートをしてください。Aは賛成、Bは反対、Cは慎重な人物です。

3 使えるプロンプト集① メール・SNS・PR等の文章

必要な文章をより適切に効率よく作成させるプロンプト

▽メールを書かせる 苦情メールを書いてください。相手は○○で、苦情の内容は○○です。丁寧な文章で、迅速な対応を求めてください／部下に対し、報告書の不備を指摘して、提出し直すようにメールを書きます。内容は以下の通り。ていねい過ぎない調子で、簡潔に書いてください／顧客に送るお礼のメールを作成してください。○○支店で○○を購入され、下記のフィードバックをいただきました。その内容を踏まえて書いてください／社内イベントの案内メールです。下記の内容で、3パターン作ってください。

▽記事を書かせる 社内報に○○に関する記事を書きます。タイトルは○○。下記の内容を、いくつか小見出しを立てて、○○字以内で、軽いエッセイ風に書いてください。

▽質問させて宣伝文を書かせる 新商品○○のプレスリリースを書いてください。必要な情報を私に質問してください↓（質問に答え、出力された文章を見て）各項目に見出しを付けてください↓消費者の関心を引くタイトルを、5つ出してください。

▽記事案を出させる 雑誌に○○について記事を書きます。文案を考えてください（3項＋結びの文案を作成）↓読者が喜ぶような面白いエピソードがありますか↓（エピソー

ドの提示）それは1に関わるエピソードですね。2、3にも同様のエピソードがありますか↓それらのエピソードを加えて書き直してください（事実確認、原稿の叩き台とする）

▽**キーワードを出させる**　あなたはコピーライターです。次の商品に対して冴えたキャッチコピーを10個作ってください／〇〇をターゲットとした〇〇のキーワードを10個挙げてください／〇〇について初心者にもわかるように解説して、大事な点を3つ指摘してください／次の文章を読んで、注目点を5つ示してください↓（注目点が示される）この5点を踏まえて、300字程度で感想文を書いてください。

▽**修正・要約をさせる**　あなたはSNSのインフルエンサーです。次の文章を「いいね」をたくさんもらえるように書き直して、ハッシュタグをいくつか付けてください／上記は、〇〇をターゲットとしたイベントの案内文です。ターゲットを意識して、250字以内に要約してください／次の文章を、若者向けの軽い文体で、絵文字も加えて修正してください。3通り出してください。

▽**推敲させる**　あなたはプロのライターです。下記の文章を推敲して、読みやすい文章に修正してください。修正箇所と理由も列挙してください。

▽**選ばせる**　あなたは有能なマーケターです。次の2つの宣伝文のうち、よいと思うほうを選んで、その理由を示してください。

使えるプロンプト集②　アイデア・企画・プレゼン

アイデア出しからプレゼンの構成、アンケート集計まで劇的に効率化

▽**アイデアを出させる**　あなたは○○業界のプロダクトプランナーです。次の条件で企画可能な、○○の新商品のアイデアを10個示してください／私は○○の開発に取り組んでいます。今までにない商品のアイデアを5つ考えて、それぞれの商品名も提案してください／私は○○を経営しています。下記の新サービスを企画しました。ターゲットは○○です。ニーズについてブレストしてください／私は○○業界で新規事業の立ち上げを考えています。業界のニーズやトレンド、競合情報について教えてください。

▽**企画をブラッシュアップ**　次の企画を提案した場合、指摘されそうな疑問点を挙げて、回答も示してください／次の企画の弱点を指摘して、改善策を示してください。

▽**企画書の作成**　○○の企画書を書いてください。そのために必要な情報を、私に聞いてください／次に示す新商品の企画書を作成してください。上司が取り上げてくれるように、画期的な点を強調して書いてください↓（企画書が作成される）この企画書に補足すべき項目がありますか↓（項目の提示）その項目を加えて企画書を作り直してください。

▽**プレゼン準備**　企画会議で○○の企画を、プレゼン形式で提案します。今日は○月○

日（○曜日）で、会議は○月○日（○曜日）です。プレゼンに必要なタスクをリストアップして、準備のスケジュールを作成してください。土日は除きます。また各工程で調べるべき情報も指摘して、表形式で示してください

▽**プレゼン構成**　○○の営業でプレゼンを行います。相手は従業員○人規模の○○会社です。実際に商品を持ち込んで実演を行います。挨拶から締めくくりまで、所要時間○分でプレゼンを構成してください。営業資料を示します↓（構成案作成）あなたは敏腕のコンサルタントです。もっと効果的にするにはどうしたらよいでしょう↓そのアドバイスを取り入れて、構成し直してください↓さらに改善できる点がありますか↓それを取り入れて、プレゼンを再構成してください／○○をテーマに、○○向けのプレゼンを行います。プレゼンの概要は以下の通り。提示するスライド構成を考えてください。所要時間は○分です。各スライドの時間配分も示してください↓（スライド構成が作成される）スライド5の内容を充実させて、スライドを2枚使用するようにして、再構成してください。

▽**アンケート調査・集計**　○～○歳の○○を対象に行う、○○に関するアンケート項目を20個挙げてください↓2、5を削除して、残りの項目をグルーピングしてください↓グループ3と4の順番を入れ替えて、出し直してください／次のアンケートの自由回答を分類して、各分類の回答数を示してください。また傾向を分析してください。

5 使えるプロンプト集③ 会議・議事録・報告書

会議の論点の洗い出し、シミュレーションで議論を深める

▽**アジェンダ**　ｗｅｂ会議のアジェンダを作ってください。所要時間は1時間です。そのために必要な情報を、私に質問してください／〇〇に関する会議を開きます。アジェンダを作ってください。所要時間は2時間、途中で10分間の休憩を入れます。テーマと課題、資料は次の通りです。

▽**議題・論点**　〇〇について、討論すべきテーマを10個提案してください／〇〇を推進する場合に、考えておかなければならない点を10個挙げてください／〇〇についての対策として考えられることを5つ示してください／〇〇をテーマに議論をします。論点となりそうなことを5つ出してください→さらに5つ出してください／次の内容について議論します。議題の案を3つ出してください。

▽**討論のシミュレーション**　〇〇（討論のテーマや課題）について、ディベートしてください。Aは推進、Bは否定、Cは慎重な人物です／〇〇の提案に反対する意見を5つ挙げてください。またそれぞれの反対意見に反論を添えてください／〇〇に対する提案を5つ挙げてください。またそれぞれの提案に対する賛成意見と反対意見を添えてください／

○○の問題について、解決策を5つ挙げてください。それぞれの解決策について、考慮点を挙げてください↓さらに5つ挙げてください。

▽**案内・通知**　次の内容で、会議を通知するメールを書いてください。なお配布資料を添付します。資料のパスワードは後送します↓（メール文書が作成される）もっと簡潔に書いてください／シンポジウムの案内メールを作成してください。多くの方がご参加くださるように、呼びかけてください。次にシンポジウムの資料を示します／シンポジウムの案内をホームページにアップします。案内文を作成してください。必要な情報を、私に聞いてください↓（案内文が作成される）魅力的なキャッチフレーズを5つ考えてください／会議の後に議事録を送付するメールを書いてください。

▽**議事録**　会議の議事録を作成してください。そのために必要な情報を、私に質問してください／○○の検討会議における参加者の発言メモを入力します。参加者の提案や意見をまとめてください↓（参加者の意見のまとめ作成）意見の傾向を分析してください。

▽**報告書**　次に示す報告内容のメモを読んで、報告書を作成してください。報告書の定型も入力します。定型に従って書いてください／○○セミナー参加の報告書を作成してください。必要な事項を、私に聞いてください↓（報告書が作成される）報告書の内容を、SNSへの投稿用に400字程度にまとめて、ハッシュタグも付けてください。

6

使えるプロンプト集④ 学習・翻訳・語学

さまざまな学びをサポート、外国語は得意分野

ChatGPTに役割を与えれば、場面を設定してロールプレイを行うことができる。またChatGPTは多くの言語に対応しているので、翻訳はもちろん語学学習にも活用できる。ここでは英語を例にプロンプトを示す。

▽**面接の練習**　あなたは○○社の採用担当者で、私を面接しています。私に10個の質問をしてください。1問ずつ私の答えを見て、難点があれば指摘してください／以下の条件でロールプレイをします。あなたは大学教授の○○先生です。あなたは○○先生の発言だけをしてください。私は○○です。シンポジウムで下記の発表をします。あなたは発表に対して1問ずつ質問をしてください。私が答えます。間違いがあれば指摘してください。

▽**翻訳**　次の内容で、英文メールを書いてください／○○の報告書を英語で書いてください。必要な情報は、私に質問してください／下記の英文を日本語に翻訳してください↓○○（英文の一部）の表現について解説してください。

▽**添削・修正**　次の英文を添削してください。訂正箇所と訂正理由を表形式で示してください。訂正理由は日本語で書いてください↓（それでも英語になっていたら）訂正理由

を日本語に訳してください／次の英文は文法的に正しいですか。間違いなら、理由を教えてください／次の英文メールを、親しみを込めたカジュアルな調子に書き直してください。

▽**語学学習**　○○業界でよく使われる英単語を20個挙げてください。また、その単語の日本語訳と、例文を表形式で示してください／次の英文から単語を抜き出して、表形式で日本語訳を示してください／次の慣用句を使って、短い例文を5つ作ってください↓2について、文法的な説明を日本語でしてください。

▽**会話学習**　英語で会話をしてください。あなたは私の英語の先生で、Ms.○○（英語の名前）です。私は○○です。英語で話しかけてください／英語で会話をしましょう。あなたの名前は○○、私の名前は○○。2人は親しい友人です。あなたは○○としての発言だけをしてください。あなたから始めてください／以下の条件でロールプレイをしてください。あなたは私の上司で、名前はMr.○○。私の名前は○○。アメリカ系○○企業に勤めています。営業会議で会話をします。あなたは○○としての発言だけをしてください。また1回の発言は80ワード以内にしてください。あなたから始めてください。

▽**プロンプトを英語にする（ChatGPTは英語の情報量のほうが多いので、回答の精度が上がることがある）**　次の質問を英訳して、英語で回答してください。それから英語の回答を日本語に訳してください。

7 Bingチャット検索とBard

Bingやbardも場面に合わせて使い分ける

ChatGPTより一足遅れて登場したマイクロソフトのBingチャット検索と、グーグルのBardは、それぞれに特長を持つ対話型生成AIだ。

▽**Bingチャット検索**　Bingは、OpenAIから提供されたGPT―4に検索機能を組み合わせた、独自のAIモデルを使用している。そのため回答はネット検索を経て生成され、さらに出典を表示するのが特長。サイトの記事の分析や要約も簡単にできて、ネットとの連携に優れている。また文体や形式、長さを選択して文章の作成を指示できるし、「○○の画像を出してください」などと指示するだけで画像の生成も可能。

▽**Bard**　グーグルが独自開発した大規模言語モデル、PaLM 2を駆使するBard（詩人）は、文章の作成速度が速く、その名が示す通り文学的な表現が得意とされている。グーグル検索と連動して文章を作成するので情報の鮮度はよいが、出典は表示されない。作成した文章をグーグルドキュメントや、Gメールに直接アウトプットできる点が便利である。またアドビと提携したことで今後、プロンプトへの指示で画像生成が可能になる。

3つの対話型生成AIの比較

	ChatGPT		Bing チャット検索	Bard
	無料版	有料版 ChatGPT plus		
提供会社	OpenAI		マイクロソフト	グーグル
大規模 言語モデル (LLM)	GPT-3.5 (自社開発)	GPT-3.5 GPT-4 (自社開発)	GPT-4 (GPT-4と 検索機能を 組み合わせた 独自のAIモデル Prometheusを 使用)	PaLM 2 (自社開発)
使用料	無料	有料	無料	無料
ネット検索	なし	Browse with Bingに切り替え ればあり。 出典表示も。	あり	あり
画像生成 機能	なし	なし	あり	なし
他社との 提携	OpenAIとマイクロソフトは提携			アドビと提携
特長	対話や文章作成機能に優れ、 事務処理やアイデア創出、 自己学習の支援に向いている。 反面、GPTはPre-trained (事前に学習した)情報を もとに文章を生成するため、 GPT3.5も4も2021年9月 までの情報に限られる。 ただし有料版にはBingの 検索機能が追加されている。		対話機能や回答 速度は劣るが、 ネットとの連携が 充実。回答に出典が 表示されるのが強み。 OpenAIの画像生成 モデルDALL-Eが 搭載され、画像の 生成も可能。	詩作や文学的な 表現が得意。 また回答をGメール やGoogleドキュメント にアウトプットできる。 Adobe Fireflyと の連携で今後、 画像生成も 可能になる予定。

8

人間にしかできない仕事を意識する

AI活用で効率化を図り、よりよい仕事を創造

有能なアシスタント　思いついた企画をChatGPTに相談したAさんは、回答に示された「サイドシールド型アイウェア」（↓153頁）に興味を持った。Bingに質問すると、説明とともに参照サイトが示されたので見てみる。サイドシールドはメガネの隙間から風塵などが入るのを防いで目を守る装具で、メガネに着脱する単品もある。さっそく購入して試し、さらに工夫を加えてみて感触を得た。さらに、Bardに企画書のひな形を作らせ、グーグルドキュメントにアウトプット。企画案を書いて同僚と共有、意見を求めた。

自分の仕事を意識する　こうしてAIを活用するうち、AIの出す回答が「プロンプトに続く確率が最も高い文字列の生成である」という意味が、実感をもって理解できた。そこに思考があるわけではないのだ。とはいえ、驚くほど速く高品質な生成機能は有用であり、膨大な情報から拾い出された文字列には学びや発見もある。要は使い方次第であって、人間が適切なプロンプトを与えれば、より能力を発揮する。その回答を点検し評価して、どう活用するかを決めるのもまた人間の仕事だ。「それって管理者の仕事に通じるのかな」と思い至ったAさん。改めて「自分の仕事」を意識して、効率化の意味を考えた。

6章
コミュニケーションを改善する習慣

1 良好なコミュニケーションは仕事の基礎

段取りもスケジュールもコミュニケーションが前提

コミュニケーションとは、伝達や報告も含めた、人との交流、人間関係の構築を言う。仕事は1人だけで成り立つものではない。上司や同僚など社内はもちろん、顧客や取引先、外注先など、社外においてもさまざまな人たちと連携を取りながら進めている。仕事の改善を目指すなら、日頃のコミュニケーションの取り方を点検しないわけにはいかない。もっと言えば、仕事のみならず人生そのものに直接影響してくるコミュニケーションは、人として生きる上での基礎的な技術なのである。

▽段取りもコミュニケーションが前提　効率的な仕事の進め方として、段取りやスケジュール管理などの話をしたが、こうしたテクニックも周囲とのコミュニケーションが前提である。例えば、上司から仕事の指示を受けるにしても、部下や外注に仕事を依頼するにしても、あるいは外部の人とアポイントメントを取って会うにしても、すべてコミュニケーションによって成り立っている。

書面上はどんなに完璧にできた段取りやスケジュールであっても、周囲の理解を欠いた独りよがりなものであれば、破綻は見えている。そうならないためのコミュニケーション、すなわち打ち合わせであり、会議であり、報・連・相であり、アポイントメントなのだ。

▽周囲との人間関係を築く

朝出勤して「おはようございます」と挨拶するところからコミュニケーションは始まっている。上司や同僚との関係がギクシャクしていては、とても仕事にならない。では、どうすれば円滑な人間関係が築けるのか――。本章では、まず基本的なコミュニケーションの取り方、人間関係の作り方から説明していこう。

しかもその中で、仕事の指示を受けたり、報告をしたり、依頼や提言などもしていかなければならない。話し合いの場では大いに議論も必要だし、時には上手に断る要領を心得ないと仕事の効率は上がらない。また失敗や行き違いで相手に不快を与えた場合は、速やかに謝罪をすることが大切だ。そうした職場でのコミュニケーションはもちろん、電話やメール、名刺交換なども含めて、顧客や取引先など外部の人たちとのコミュニケーションの取り方についても見直したい。

▽コミュニケーションの原点

こういう場合はどう言えば伝わるのか、どういう態度が相手の心に響くのか――。コミュニケーションは言葉や態度によってなされるので、そういう話になるのは必然だ。が、そうした言葉や態度は、相手への誠意や仕事への熱意に根ざしていることを忘れてはならない。逆に言えば誠意も熱意も、言葉や態度で示さなければ伝わらない。それを伝えるのがコミュニケーションなのである。

2

コミュニケーションは「挨拶」から始まる

挨拶はコミュニケーションの常套手段・存在表明のチャンス

円滑なコミュニケーションの第一歩は挨拶だ。もちろん人間関係の構築においてもしかり。初対面なら、まず「はじめまして」。この一言から交流が始まる。

▽便利な常套手段　挨拶とは、実に便利なコミュニケーションの手段である。朝「おはようございます」と一言告げるだけで、そこにいるすべての人に自分の存在を表明し、認知してもらえる。部屋に入れば「失礼します」、話しかけたければ「お仕事中、失礼します」、急ぎの用で話に割り込むなら「お話中、恐れ入ります」、厚意を受けたら「ありがとうございます」、失敗をしたら「申し訳ありません」、帰る時には「お先に失礼します」、帰る人には「お疲れさまでした」。これらの短い一言で、相手との関係が保てるのである。

▽どんなに口下手でも　挨拶は毎日同じ場面で口にする決まり文句だから、どんなに口下手な人でも迷いなく言えるはずだ。無理に話をしなくても、挨拶だけは歯切れよくにこやかに告げるよう心掛ければ、必要最小限の人間関係は確実に保たれる。

▽どんなに偉い人にでも　挨拶に遠慮は無用。どんなに偉い人に対しても、朝会えば「おはようございます」。目下から挨拶するのが常識だから臆さず自分の存在を表明しよう。

挨拶は便利なコミュニケーションの手段

挨拶

人間関係を築く便利な決まり文句
自分の存在表明のチャンス

どんなに口下手でも

偉い相手に対しても

歯切れよく・はっきりと

初対面なら	…「はじめまして」
出社時は	…「おはようございます」
部屋に入れば	…「失礼します」
話しかけたければ	…「お仕事中、失礼します」
	…「お話中、恐れ入ります」
厚意を受けたら	…「ありがとうございます」
失敗したら	…「申し訳ありません」
来客には	…「いらっしゃいませ」
出かける時は	…「行ってきます」
戻ったら	…「ただ今戻りました」
戻った人には	…「お帰りなさい」
帰る時には	…「お先に失礼します」
帰る人には	…「お疲れさまでした」

必要な人間関係は確実に保たれる

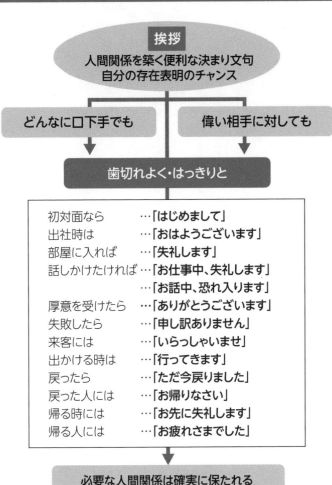

3 きちんと「返事」をすることが信頼を築く

人は自分を安心させてくれる相手を信頼する

「人間関係を築く」というと大仰に聞こえるが、要するに当たり前のことを当たり前にしていれば、その繰り返しの中で信頼感が深まる。ごく自然なことなのだ。その第一が挨拶であり、挨拶と並んで基本となるのが返事である。

▽呼ばれたら　呼びかけられたら「はい」とはっきり応えて、呼びかけた人の方を向く。この応答から会話が始まるわけで、コミュニケーションの初手だ。自分自身が呼びかける側に立つことも日常的にあるだろう。「〇〇さん」と声をかけた時、「はい」と即座に応答して、サッと顔を向けてもらえれば、快く感じるはず。同じことを相手も感じているのだ。その快い感覚の繰り返しが、相手への好印象として定着する。

仕事の途中で呼ばれた時にも、できるだけ「はい」と応えて、すぐに顔を向ける。すぐに手を離せない時には、まず「はい」とはっきり応えておいて、それから「ちょっと待ってください」と手早く作業のきりをつけて顔を向ける。すると相手は何度も呼び返したりせず、安心して待っている。明確な返事が相手を安心させるのだ。はっきりと返事をせず、何度も呼ばせたあげく「聞こえてますよ」なんて応える人に、信頼感をもてるだろうか。

人は自分を安心させてくれる相手を信頼する。

▽指示を受けたら

返事が必要なのは、名前を呼ばれた時のみではない。例えば上司から指示を受けたら、「はい。承知しました」とはっきり返事をして了解した旨を伝える。「わかったかね」と念を押されて、「はあ」などと曖昧な返答でいると、相手は安心できない。煮えたか煮えないかわからない手合いは信頼されず、仕事を任せられない人間という印象を持たれてしまう。疑問点があるのなら、指示に対して「はい」と応えた上で質問して、了解したら「はい。わかりました」と返事をする。これで相手は安心する。

▽注意をされたら

注意や叱責を受けた時は、通常以上にはっきりとした返事が必要になる。そういう時は、相手が切実にこちらの了解を求めているからだ。注意点をしっかりと理解して、以後その点を改善することを明確に表明すれば、相手も安心できる。

▽応答する

相手から返答を求められた時には、その問いを正面から受け止めて答えることが大切だ。すぐに答えられない場合は「はい。調べますので少し時間をください」と対応して、なるべく早く返答する。返答を忘れて催促されるようでは信頼されなくなる。

それは会話だけでなく、メールなどの応答も同様だ。即答できなければ、取りあえず受信した旨を返事する。また荷物等を受け取った際も、「受け取りました」と即座に返事をしておくと、出した相手は安心する。

4

「約束を守る」「うそをつかない」は鉄則

日常の小さな約束と実行の繰り返しが固い信頼関係を築く

人とのコミュニケーションは言葉だけではない。言葉には意志や行動が伴う。相手に「こうする」と約束したことは、その通りの行動をしてはじめて用をなすものだ。もし違えれば必ず相手の不信を買い、場合によっては迷惑をかけることにもなる。約束を守ること、うそをつかないことは、信頼関係を構築する上での鉄則と肝に銘じよう。

▽**まずは時間厳守**　約束を守るということは、日常的な仕事の中で毎日のように繰り返している行動だ。例えば時間厳守。始業時間に遅刻しないことに始まって、待ち合わせや集合など、約束の時間に遅れないことはビジネスの鉄則。時間にルーズな人間はまず信用されない。

あるいは電話をかけると言ったら必ずかける。引き受けたことは必ず果たす。たとえそれが雑務であっても、「はい」と承知したら誠意をもって実行しよう。日常的に繰り返される小さな約束を、怠りなく果たす繰り返しが、相手に対する信頼の構築になる。そうして構築した信頼関係があればこそ、時には失敗しても「誰にでもミスはある」と許容してもらえるし、その失敗を埋めるための協力も惜しまずしてもらえるのだ。

▽できない約束はしない　とはいえ、できないこともある。無理なことを約束すれば当然破綻する。その過程で約束を守ろうと奮闘している様子がうかがえれば、「誠意」までは疑わないかもしれないが、それでも「約束を守らなかった」という結果は信頼感を失わせる。「先を読む能力がない」というマイナス評価にもつながり、「当てにならない」と不信感を買うことにもなるだろう。だからできない約束はしないことだ。無理だと判断したら、ていねいに断る。あるいは、できる範囲を提示して相談し、その上で約束すればいい。

▽うそをつかないこと　相手を騙そうと思わなくても、いい顔をしたくてついうそをついてしまうことがある。断りにくくて言い訳のうそをついてしまったり、調子を合わせて同意したり、知らないことを知っているように言いつくろったり。相手への気遣いから出た軽いうそが場合によっては不信を招く結果にもなる。

知らないときは「知りませんでした」「不勉強で…」などと応じ、相手の教えを乞うか、後で調べればいい。断りたいときは「せっかくですが…」「ご遠慮します」「やめておきます」とていねいに応え、理由を聞かれたら「気が進みませんので」などと正直に言うほうがいい。気を持たせて再び断ることになれば、かえって不信を招く。信頼関係を築くのにイエスマンである必要はない。反論しにくい状況なら「そうですか」とただ受けておく。相手を尊重しつつ正直に対応すれば、誠意は伝わるものだ。

5 「報・連・相」は仕事の基本

タイミングと順序を外さずに適切な「報・連・相」

組織の中で仕事をするには、自分が歯車の一つであると自覚することが必要だ。歯車としての適切な動きが、最も有効に組織全体を動かす。そのために肝心なのが「報告・連絡・相談」、すなわち「報・連・相」の励行である。

▽報・連・相のタイミング　いずれも緊密にすることが基本だ。特に事故やトラブルなど、緊急の報告は即座にわかる範囲で報告する。それで必要なら追加報告する。急がない場合は、相手の状況により多少タイミングをはかるのもよい。仕事が完了した報告などは、まず完了した旨を伝えて、都合のよいところで報告の時間をとってもらう。相談の場合も同様だ。一方、連絡はすぐに。相手が忙しそうならメモにして渡してもよい。

▽順序を違えない　報告の相手を間違えないこと。仕事上の報告はまず直属の上司にするのが原則。上司を飛び越えて上層部や、他部署の人に報告したりすると混乱を招く。

▽報告が信頼を築く　催促される前に報告することが信頼につながる。特に相談をしたら、必ず結果を報告すること。相手が心配してその後を尋ねてはじめて、「ああ、あれはもう解決しました」という調子では、二度と親身になってもらえないだろう。

報・連・相を適切に励行しよう

報
＝
報告

・催促される前に報告する。途中経過もこまめに報告。
・トラブルや事故など緊急の報告は、まずわかる範囲で第一報を入れ、その後、情報が整い次第追加報告をする。
・トラブルや失敗は、小さいことでも報告。それが大きなトラブルの予防になることもある。
・報告は簡潔に、要点をまとめて伝える。
・報告する相手や順序を違えない。

連
＝
連絡

・連絡事項はすぐに伝える。
・連絡の内容を間違えないようによく確認。
・連絡事項を聞く場合は、必ずメモを取り、最後に読み上げて確認する。
・口頭での連絡は間違いが生じやすい、メモや文書の方が確実。
・外出や欠勤など、自分の予定や動きに関する連絡はていねいに。

相
＝
相談

・相談したい旨を事前に伝えて、相手の都合に従って時間をとってもらう。
・相手が理解しやすいように、相談内容を整理して、問題点を明確にしておく。
・自分自身の考えもあらかじめ整理して、私案も併せて、判断や評価を仰ぐとよい。
・相談に対する答えや意見はしっかりと聞く。メモを取るとよい。
・相談した件については、必ず経過や結果を報告する。相手への感謝を忘れずに。

6 「聞く」70％＋「話す」30％の対話術

相手に対する素直な関心が聞き上手の原点

コミュニケーションの中心となるのは何と言っても対話だ。実際、１日の活動の多くの部分を対話が占めているはずだ。報・連・相をはじめ、会議や打ち合わせ、折々に交わされる情報交換や、セールストークはもちろん、勤務時間外での交流。いずれにしても話が弾めば親近感や信頼感が増し、自然に交流を深められる。対話上手のメリットは計り知れないものがある。

▽聞き上手になる　話を弾ませたいと思うなら、まずは聞き上手になることだ。誰しも自分の話を聞いてもらいたいのが人情。興味を示して耳を傾けてくれる相手には、自ずと舌も滑らかになる。だから「内気で話下手」と自認する向きも悲観することはない。つい自分の話をしたがるクセが出ない分、聞き上手になる素質があるとも言える。

報告や依頼など自分自身が話をしなければならない場合はさておき、自由な対話であれば、「聞く」70％＋「話す」30％という配分を心掛けるとよい。特におしゃべりなタイプは、往々にして話し過ぎるきらいがあるが、30％を目指していれば下手をしても50％を超えることはないだろう。

▽相手を話の主役にする

「聞く」70％とは言っても、黙ってご拝聴していたのでは相手も白けてしまう。「聞く」というのは、相手に対して関心を持つこと。すると自然に、頷いたり、相づちを打ったり、「それで…」と先を促したくなる。あるいは途中で質問したり、感想をはさんだりしながら、相手の話に乗っていけるはずだ。

ただしここで注意しなければいけないのは、合いの手を入れたつもりが、話題を奪う結果になること。「その気持ちわかります」と共感したついでに「実は私も…」と逸れて、いつの間にか自分の話になってしまう。おしゃべりな人はつい犯しがちな過ちだ。が、これも「30％」を念頭に置いていれば途中で踏みどまれるはず。ハッと脱線に気づいたら、「失礼しました。それで…」と軽やかに相手の話題に戻せばよい。

▽バランスを考えて

「相手が主役」と心得ても、対話であればやはり「聞く」ばかりではバランスが悪い。かえって「自分のことは語らず、何を考えているかわからない人」という不信感を招いては台無しだ。

だから、30％程度は話すことでバランスを取る。それこそ「そうなんです、私も…」式に相手の話題に沿って話すのもいいし（ただし、話の腰を折らないように）、また相手から何か問われたら、それに対してきちんと答えることだ。そして答えたら、また「○○さんの場合は？」と逆に質問したりして、さりげなく発言権を相手に戻すことをお忘れなく。

7

120%「聞く」ことで対話の主導権を握る

相づちの打ち方で話の展開をリードする

聞き上手という立場は、必ずしも受身なものではない。むしろさり気なく対話をリードしつつ主導権を握る、妙味あふれるポジションなのである。

▽相手が話しやすい環境を演出する

「相手を対話の主役にする」と前述したが、それは相手が話しやすい環境、つまり話していて快い環境を演出するということ。具体的に言うと、まず相手に関心をもつこと、そして相手の状況や感情をよく聞いて理解し、共感することだ。相手に付き合うという消極的な感性ではなく、もっと積極的に相手の話を楽しむ姿勢が基本。それでこそ、おざなりではない共感が湧いてくる。

▽姿勢や態度も大切

相手の話に共感しようとすれば、まず姿勢からそのように整えなければならない。第一に、他の作業をしないこと。スマホのメールチェックをしながら、資料に目を通しながら聞くのでは、生返事しかできない。第二に相手に体を向けること。たとえ並んで座っていても、話に引き込まれれば微妙に相手の方へ体が向くだろう。第三に、相手の話への興味を態度で示すこと。面白ければ笑うし、意外な話には驚く。話し手と心を合わせて、いっしょになって喜んだり、悲しんだり、身を乗り出して先を促す。

こうした態度は、無理に演出するというより、相手に関心を持って話を楽しめば自然にそうなるはず。わざとらしい演技では、かえって白々しい。相手に体を向け、心を向ければ、話に興じる態度は自ずと現れてくるものだ。

▽話を引き出す相づち　話の合間に適当な相づちを打つ。この相づちの打ち方ひとつで、話の盛り上がり方が全然違ってくる。例えばテレビのトーク番組を見れば、プロの相づちの打ち方を目の当たりにできる。上手な司会者は相づちの打ち方もワンパターンではない。同意を示すにしても、「はい」だけではなく、「そうですね」「その通りです」「ああ、なるほど」などと、同意の共感度にも強弱をつけながら、話に勢いをつけている。また、話のほこ先が自分に向けられ、例えばお褒めに預かれば「これはありがとうございます」「恐れ入ります」などと軽く受けて、「そういたしますと…」「それで…」と、巧みに話を先に進める。

▽話の核心に迫る相づち　対話の中身がすべて重要であるとは限らない。が、何気ない話からふと話題の核心に近づいたり、こちらが強い関心を抱いていることに及ぶこともある。そんな時は、せっかくの話題を逸らさず、さらに深めたい。そこで「ああ、そこのところです」「その話は以前から気になっていたのです」「その点、もっとお聞きしたいです」などと、話題が流れないように留めて一段と強い関心を示す。

あるいは、肝心な点について「つまり〜ということですね」「それは〜ということですか」などと、相手の発言をこちらの言葉でまとめて確認をするのもよい。もし解釈が違っていれば「いや、そうではなくて…」と訂正してくれるし、適切であれば「そうです。もっと言えばね」などと、さらに言葉を足してもらえるだろう。

▽流れを変える相づち 話題を変えたい時には、「なるほど、そういうことですか」「確かにそうですね」などといったん話を収めておいて、「さて」「それでは」「ところで」などと、気分を変えながら、次の話題へ導いていくとよい。こうして無理なく次の話題に誘導すれば、相手は気持ちよくこちらのリードに添ってくれる。

▽相手の意に反する相づち 相手の立場に共感するのは基本だが、相手が明らかに間違っていたり、誤解していたりすることもある。その内容にもよるが、間違っていることに同意するのは、絶対に避けるべきだ。

そこで、もし訂正の必要がない内容であれば「そうなのですか」と、こちらの意見は示さず、ただ相手の言葉を受けるだけにしておく。一方、反論する必要がある場合は「そうですか。ただ…」と、一度相手の意見を受けた上で、相手の立場を考慮しながら反論を述べる。あるいは「すると〜ということでしょうか」と再度相手の言い分を確認してから、「そうなりますと」と、やんわりと誤解や間違いを指摘する。

相づちの打ち方で対話をリードする

同意する相づち

＊**普通の同意**「はい」「そうですね」「なるほど」「わかります」
＊**強い同意**「その通りです」「まったくです」「同感です」
＊**誉められて**「これはありがとうございます」「恐れ入ります」
＊**批判されて**「申し訳ございません」「それは失礼しました」

話を進める相づち

＊**普通に**「それで」「それからどうなさいましたか」「すると」「そうしますと」「とおっしゃいますと」
＊**驚いて**「それは驚きました」「本当ですか」
＊**話の核心で**「そこのところです」「その話は以前から気になっていたのです」「その点、ぜひ詳しくお聞きしたいです」

確認する相づち

＊「つまり〜ということですね」「それは〜という意味ですか」「とおっしゃいますと〜ということでしょうか」

話題を変える相づち

＊**いったん話を収めて**「そうですか。ところで」「なるほど。さて」「よくわかりました。話は変わりますが」
＊**以前の話題に戻す**「話は戻りますが」「ところで先ほどのお話で」「先ほど〜とお伺いしましたが」

同意しない相づち

＊**単に受ける**「そうですか」「なるほど」「そうでしたか」
＊**疑問を匂わせる**「そうなのでしょうか」「そういうものですか」
＊**反論を匂わせる**「それはいかがでしょう」「どうでしょうか」

反論する相づち

＊**いったん話を受けて**「確かにそうですが」「なるほど。ただし」
＊**相手の話を否定する**「それはなにかのお間違いでは」「誤解なさっていらっしゃるようです」「そのようなことはございませんが」

8 100%「話す」ための心得

話す時も相手の立場に立って・悪口は御法度

聞き上手が対話のコツとはいえ、対話である以上、こちらの話すことが相手の心にヒットすることも大切だ。自分が快く話せただけでなく、相手の話にも十分な興味を感じた時、その対話は100%満足できるものになる。

▽**相手の立場に立って話す**　話す場合においても、相手の立場を思いやる配慮が何より大切だ。聞き手への配慮としては、第一に話がわかりやすいこと。話の筋道がはっきりしていて、意図が容易にくみ取れれば、相手は自然に相づちを打つことができる。また、なるべく平易な表現をすること。むやみに英語を差しはさむ話し方は避けよう。専門家同士でない限り、できるだけ専門用語を避け、日常的な言葉で表現する方がわかりやすい。

第二に、相手の感情を逆なでしないこと。例えば「そんなのダメです」と決めつけられては、たとえその通りでもカチンとくる。「そうでしょうか」「それはどうでしょう」と含みを持たせれば、「なぜですか」と相手の方から踏み込んできてくれる。

▽**悪口を言わない**　悪口というのは往々にして座の盛り上がる話題ではある。が、これは禁じ手とするのが無難だ。その話がどこでどう伝わるかわからず、口は災いの元になり

かねない。相手が誰かの悪口を持ち出した場合にも、「そうでしたか」「そんなことがありましたか」「なるほど」と当たり障りなく受けておいて、さり気なく話題を変えるとよい。

▽相手の反応を意識する　こちらの話題に対して、相手が興味を感じているかどうかは、相手の態度や表情を見れば、ある程度察知できるはず。つまらなそうな素振りが見えたら、「まあ、それはそれとして」と、不自然にならないように切り上げて、話題を変える。

▽〜させていただくの多用は避ける　「〜させていただく」という言い方を多用するのは、気を遣っているつもりでもかえって聞き苦しい。特に大勢の前で畏まって話すときによく耳にするが、「〜いたします」と言えば十分にていねいな表現だ。

▽チェックしてみよう　次に、日頃の自分自身の話し方をチェックしてみよう。もしあてはまる項目があれば、ぜひ改めたい。

①親しさを表すため敬語は使わない、②「はいはい」という重ね言葉で返事をする。③「何気に〜」「マジ〜」「〜じゃないですかぁ」といった若者言葉をよく使う。④語尾を伸ばすのがクセ。⑤ついつい専門用語が口をつく。⑥何でも英語で言い換えるとハクがつくような気がする。⑦突っ込まれるのが嫌で、つい「〜みたいな」「〜って言うか」などと、話を曖昧にする言い方をしてしまう。⑧「オバサン」「オヤジ」「ウチの女の子」などの言葉が、セクハラになるとは知らなかった。

9 有効に「議論」するための対話術

反論を聞くことは自分の視野を広げるチャンス

議論とは心躍り、知的興奮を得られる楽しいものである。テーマについて他人の考えを知るのは実に興味深いし、共感したり、疑問に感じたり、時には意外性に驚くこともある。また、自分の発言に対する意見を聞くことで、自分自身を客観的に見直すこともできる。思いもよらぬ角度から反論されれば、にわかに視野が広がるような興奮を感じるだろう。

▽プレッシャーを感じるのはなぜ？　しかし実際のところ、多くの人にとって自分の意見を述べるのは勇気のいることだ。特に大勢の人の前で発言するのは、それだけでドキドキする。こうしたプレッシャーを感じるのは、恐らく防衛本能が働くためだろう。間違っていたら恥ずかしいとか。皆に受け入れられなかったり、批判されたりしたら嫌だとか。発言の評価いかんで、自分の人格が傷つくような錯覚に陥っているのではないだろうか。

議論はあくまで意見の交換であって、発言者の人格や能力の評価ではない。もしプレッシャーを感じるなら、その点に誤解がないかどうか、考え直してみてほしい。

▽反論を受ける・する　自分の意見に反論をされた時、少しでも苛立ちを感じたら、すぐにこう思い直そう。「さあ、面白くなってきたぞ」と。そして相手が何についてどうい

う理由で反論しているのか、せっかくの意見をしっかりと聞くこと。それで「なるほど」と納得すれば、その意見に賛同すればいいし、疑問を感じれば質問をしてよく聞く。それで反論があれば、さらに発言すればいい。いずれにしてもごく単純なことだ。

ただ大切なことは、反論を受ける場合も、逆にする場合も「相手に対する敬意」を忘れないこと。いわばマナーの問題だ。相手に反対するのではなく、相手の意見に対して反論するのである。この違いを明確に意識することが議論のコツだ。

▽会議では必ず発言する　そのように気持ちを整理したら、次の会議からは必ず発言しよう。そのための準備として、議題について事前に自分の考えをまとめて、意見や疑問点をメモしておくこと。で、「何かご意見を…」という司会者の声で、一瞬シーンとなったところで、スッと手を挙げてしまう。そうすれば、もう覚悟を決めて発言するしかない。

▽発言する際の注意　発言する時には、まず結論を述べて、その理由を簡潔に続ける。全員に聞こえるようにある程度大きな声で、語尾をムニャムニャさせず、最後まではっきりと言い切ること。賛成か反対かを議論している場合は、どっちなのかをはっきりさせて発言する。曖昧な発言は誤解を招くもとなので注意。

また、他人の意見は最後まで聞くこと。意見の途中で発言を奪うのはマナー違反。また、きちんと発言の機会を求めず、小声でつぶやいたりする態度も禁物だ。

10 上手に「断る」ための対話術

相手の厚意には十分感謝を示しつつ意志を伝える

誘いや依頼を断るのはなかなか難しいものだ。断れば相手が気分を害するのではないか。そうした気遣いが歯切れを悪くする。が、やはり断るべきところでは、はっきりと断るべきだ。無理して引き受けて破綻をきたせば、かえって信頼を失うことになる。

▽**仕事を断る**　スケジュールもしくは能力的に無理であるために断るのだ。上司の指示なら「はい」と受けて、「ただし…」と支障があることを簡潔に説明する。顧客や取引先からの依頼なら「ありがとうございます」と受けて、「ただ申し訳ないのですが…」と断る理由をていねいに説明する。その上で相談の余地があれば応じるし、もしこちらに代案があれば提起してみる。

▽**厚意や誘いを断る**　相手の厚意に対して素直に感謝を表すことが断るコツ。本当は受けたいのに都合がつかない場合は「大変残念です。次の機会はぜひ」と希望を述べてもいい。が、次の誘いを望まない場合は「残念」を強調せず、先のことにはふれないことだ。

▽**うそはつかない**　前述したように（↓175頁）断るためについ作り話をしてしまうと、後になって困ることもある。無理に理由を言わなくても断ることはできるはずだ。

相手の気分を害さない断り方

断りを和らげる言葉

*相手への気遣い「せっかくですが」「恐れ入りますが」
*相手への感謝「大変ありがたいのですが」「大変嬉しいのですが」
*心苦しさの表現「あいにくですが」「残念ながら」「不本意ながら」「間の悪いことに」
*理由の説明「実は」「ご存知のことと存じますが」

断りを和らげる言葉を織り交ぜながら、状況に沿って断る。

*顧客の依頼を断る「大変ありがとうございます。ただあいにくですが」「ご愛顧ありがとうございます。ただ残念ながら」

*理由を説明する「残念ながら〜なので」「あいにく〜なもので」「ちょうど〜と重なってしまって」

*曖昧に説明する「何分不調法なもので」「いろいろと落ち着かなくて」「先約があって」「なかなか時間が取れなくて」

*理由を言わない「ありがとうございます。ですがご遠慮します」「やはり止めておきます」「やはり無理だと存じます」

*断りを謝る「ご希望に沿えず、まこと申し訳ありません」「ご期待にお応えできず、大変恐縮です」「せっかくのご厚意を、大変申し訳ありません」

*不本意を伝える「お受けしたいのはやまやまなのですが」「そうできると本当によいのですが」「大変残念なのですが」

*相手の厚意に感謝「お誘いは大変嬉しいのですが」「いつもお気にかけていただいて感謝しております」「お心は本当にありがたく頂戴いたしますが」

*また誘ってほしい場合「とても残念です。次の機会はぜひ」「これに懲りず、またお誘いください」「次の機会を楽しみに」

*返事を保留する「少しお時間をいただけますか。確認してみます」「予定を確かめて、後ほどご連絡いたします」「○○に相談いたしまして、改めてご返事いたします」

11

信頼関係を保つ「謝罪」の心配り

ミスを認めたらまず謝罪、それから善後策を講じる

外国の場合、たとえ自分に非があろうと軽々しく謝ってはいけないという話も聞く。が、少なくとも日本においては、非を認めたら心から謝罪するのが常識だ。それができないと著しく信頼を失って、協力を得られなくなり、仕事の進行にも支障をきたすことになる。

▽**ミスをおかした時**　ミスをおかしたことに気づいた時、ミスを指摘されて認めた時は、きちんと謝罪する。ちょっとした間違いであれば「すみません」でもすむが、仕事の進行を遅らせたり、周囲に迷惑をかけたりした場合は、「大変申し訳ありません」と、明確な言葉で詫びること。

場合によっては早急な善後策が必要で、そうなると周囲の手を煩わす。自分のミスを補うために協力してくれる人たちにも謝罪し、助力には感謝を述べよう。

▽**きちんと頭を下げる**　謝罪の表現は言葉だけではない。心から申し訳ないと思えば、自然に態度も伴うはず。直立の姿勢で上半身をまっすぐ倒し、しっかりと頭を下げて謝罪する。例えば、不祥事を起こした企業の責任者が謝罪会見を行う場合、事件や事故の経過を説明した後、最後に立ち上がって深々と頭を下げるのを見たことがあるだろう。

もちろん謝ってミスが消えるわけではないが、迷惑を被った人たちの心情を思えば、まずは誠意ある謝罪が欠かせない。頭を掻いたり、にやけたり、ろくに頭も下げないようないい加減な謝罪のしかたは最悪だ。かえって相手の怒りを買ってしまう。

▽クレームや指摘を受けた時 社内外からクレームやミスの指摘を受けた時には、まずその内容をよく聞くこと。それで自分あるいは自社のミスとわかれば謝罪するが、はっきりしない場合は、「恐れ入ります。確認しますので少し時間をください」と断ってすぐに調べる。それでミスを確認したら速やかに謝罪するわけだが、逆に相手の誤解であることがわかれば、その旨をていねいに説明して誤解を解く。

謝るべき事実をきちんと踏まえてた上で謝罪するのが筋で、事実が把握できないうちから軽々しく謝罪すると、かえって事態を混乱させる恐れもある。この点は注意が必要だ。

▽善後策と繰り返さない対策 謝罪に続いて、必要であればすぐに善後策を講じる。この対応の素早さも、謝罪の気持ちの一つの表現だ。ミス自体は誉められたことではないが、その後の謝罪や対応の誠実さが、結果として信頼を深めることもある。

また自分自身、ミスやその後の謝罪、善後策の過程で、少なからず学ぶことがあるはずだ。この経験を活かし、二度と同じミスをおかさないための対策を講じよう。そのことについても、迷惑をかけた人たちに報告するとよい。信頼を回復するための努力である。

12

感じのよい「電話」のコミュニケーション

受話器を取る時は常にメモの用意をしておく

職場では毎日のように、電話をかけたり受けたりしているはずだ。この対応によって相手に与える印象はずいぶんと違う。適切でていねいな対応は大いに信頼度を高めるものだ。

▽**電話をかける**　電話をかける前に伝える用件等をきちんと整理し、メモを用意して受話器を取る。相手が出たら社名と名前を告げて、用件に入る前に「○○の件で、○分ほどお話ししてよろしいでしょうか」と、相手の状況を尋ねるのがよい。

電話をかける時間帯は、朝一番が比較的つかまりやすいが、原則的に始業時間前にはかけないこと。また昼休みの時間は避ける。もし緊急で昼休み中にかけた時には「お昼の時間中にすみません」と一言添える。なお言わずもがなのことだが、当人以外が対応に出た場合も、気を抜かずにていねいに取り次ぎや伝言を頼むこと。

▽**電話を受ける**　なるべく最初の呼び出し音で出る。受話器を取るのが遅れた時には「お待たせいたしました」の一言を添えるとよい。当人が不在の場合、相手から聞かれなくとも、外出か社内か、いつ戻るかを知らせ「折り返しお電話いたしましょうか」と尋ねるのが、かゆいところに手の届く対応。もちろん、メモを取る準備は最初からしておく。

感じのよい電話のかけ方・受け方

こちらからかける

＊まず名乗る「○○社の○○です。お世話になっております」

＊用件に入る前に「○○の件で、○分ほどお話ししてよろしいでしょうか」「○○のご連絡ですが、今よろしいでしょうか」

＊電話のために戻ってもらった「お忙しいところお呼び立ていたしまして、申し訳ありません」

＊伝言を依頼「では○○○○○とお伝えください、失礼ですが、お名前をお伺いできますか。○○様。どうぞよろしくお願いいたします」

＊電話を依頼「恐れ入りますが、お戻りになりましたらお電話いただけますでしょうか。私は○○社○○部の○○と申します。電話番号は○○○です。どうぞよろしくお願いいたします」

電話を受ける場合

＊電話に出る「はい○○社（○○部）でございます」

＊相手が名乗る「お世話になっております」

＊相手が社員「お疲れさまです」

＊聞き取れない「申し訳ありません。もう一度お聞かせください」

＊名乗らない「失礼ですが、どちら様でいらっしゃいますか」

＊当人が外出中「あいにく○○は外出いたしておりまして、○時に戻る予定でございます。折り返しお電話いたしましょうか」

＊かけ直す場合「○○社の○○様でございますね。念のためお電話番号を……。今日は何時頃までそちらにいらっしゃいますか。もし間に合わなかった場合いかがいたしましょう。はい、承知いた　しました。私、○○と申します」

＊社内にいる「○○は、ただ今席を外しておりますが、社内におりますのでじき戻ると存じます。よろしければ折り返しおかけ直しいたしましょうか」

＊会議中・接客中「ただ今○○は会議中でございます。お急ぎでございますか」

13 心に響く「書く」コミュニケーション

封書・葉書・一筆箋と用途に応じて「書く」形式を選ぶ

便利な通信機器が発達した現在であっても、やはり手書きのメッセージには他にはないインパクトがある。筆無精の人は、書くことを面倒に感じているかもしれないが、実は意外なほど簡単で効率のよい手段なのだ。大いに活用しなければ損である。

▽**封書の活用**　例えば何の面識もない著名人や専門家に連絡を取りたい時、最も便利なのが封書を送る手だ。手紙の書き方はすでに洗練された定型が確立しているので、書きにくそうな文面であっても、上手な文例や書き方を紹介した本がいくらでも出ている。そうした本を参考にすれば、どんな用向きの手紙も案外わけなく書けるものなのだ。

面識のない方への手紙なら「初めてお手紙差し上げるご無礼をどうぞお許しください」から始めて、自己紹介をし、次に用件を書き、最後に「つきましては甚だ勝手ながら、来週初めにでもこちらからお電話させていただきたいと存じます」と、電話をかける旨を伝えてしまう。この段取りを踏めば、まず失礼なく連絡を取ることができるはずだ。

▽**便利な葉書の活用**　葉書はごく簡略な書状なので、封書よりもずっと気軽に使えて便利だ。前文なしに「大変お世話になっております」とか「先日はお電話で失礼いたしまし

た」など、簡単な挨拶の後すぐに本題に入る。礼状なら「このたびは……ありがとうございました」といきなり本題から始めてもいい（わざわざ「前略」で始めないこと。「前文の挨拶を省略する」と断るのは、決まり文句とはいえ無愛想な印象をぬぐえない）。しかも書く面が限られているので、短い文章で十分に足りるのだ。

電話するほどでもないお礼や挨拶、ご機嫌伺い、通知など、書き慣れれば短時間で楽に書けて、しかも十分に義理を果たせる。字に自信がないのなら、罫線入りの葉書を利用するとよい。文面が曲がらずに書けて、字の拙さを比較的目立たなくしてくれる。

▽一筆箋の送り状

書類や荷物を送る場合、ただ必要なモノだけを送ると、たとえ連絡ずみであっても素っ気ない印象になる。やはり送り状を一筆添えるべきだ。

送り状の文面はごく簡単でいい。基本的に「毎々お世話になっております。さっそくですが、ご依頼の〇〇をお送りいたします。どうぞよろしくお願いいたします」という調子で、要するに「〇〇を送る」と述べればいいのである。あとは必要に応じて「なお請求書を同封いたしましたので、どうぞよろしくお願いいたします」とか「何かご不明の点がございましたら、どうぞご連絡ください」とか、簡単に書き添えればよい。

短い文面なので便箋を用いなくても、短冊型の一筆箋で十分だ。わずか数行のこの一枚があるとないとでは、相手に与える印象が天と地ほど違うのである。

14 メール・チャット・SMS（ショートメール）の使い分け

便利な通信ツールを場面に合わせて使い分ける

メールはもちろん、チャットもSMSもビジネスの必須アイテムだ。

▽メールでの注意点　社内外の連絡にメールの送受信は毎日何回となく繰り返しているはず、今さらメールの書き方でもないだろうが、念のため点検してみよう。

①件名は具体的に　「次回会議のお知らせ」でも足りるが、「次回〇〇会議（×月×日×時～）のお知らせ」としたほうが具体的だ。通信文をよく読まない人もいるので、「次回〇〇会合は×月×日（×曜）×時からです」と、要点を件名に入れてしまう手もある。

②まず宛名　ビジネスメールの場合は、まず宛名から書くのが通例。肩書きを付けるかフルネームを記すかは相手との関係や、通信頻度にもよる。何度もやり取りしている場合は「〇〇様」のみで足りる。複数宛の場合は「皆様」「〇〇課各位」など。

③通信文　社外の場合、通常は「お世話になっております」と簡単な挨拶から入る。重ねてのメールなら「ご返事、ありがとうございます」「重ねて失礼いたします」など。電話の後なら、「先ほどはお電話で失礼いたしました」、会合等の後なら「本日はお疲れさまでした」、久しぶりなら「ご無沙汰しております」という具合。いずれも簡潔でよい。

④結びと署名　文末は「どうぞよろしくお願いいたします」「まずはご連絡まで」程度の結びの言葉で締めくくり、署名を忘れずに。社用のメールでは、社名・住所・電話番号等を添えた署名の定型を作っておいて、スタンプのように貼りつけるのがよい。相手が電話連絡や郵便を出したいときに親切だ。

⑤添付とリンク　ファイルの添付は便利だが、セキュリティを要する場合は、添付するファイルを圧縮してパスワードを設定し、パスワードは別便で送る。ファイルが重い場合は、クラウドストレージのリンクを送り、必要ならアクセス権限を設ける。

▽チャットでの交流　メールに比べて気軽なコミュニケーションに利用される。チャットの文章は長文を避けて短い会話のように書く。一度ですべてを話し切ろうとせず、話しかけて相手の反応によって続ける要領。気の置けない関係で交わし合うのが普通なので、絵文字などの使用も問題ない。

▽SMSの活用　スマホに出ない時や、メールに返事がない時に、短いメッセージを送れるのが便利。「お電話をお待ちします」「メールをご覧ください」などの伝言も有効。

▽急用は電話で　メールやチャットもすぐに読むとは限らない。急用であれば必ず電話。また相手の意向を聞きたい時など、直接話して了解し合うのが最も早い。その後で、了解事項をメールして確認すれば安心だ。

15 リモートワークのコミュニケーション

―IT機器を活用して意識的に交流を図る

　出社すれば同じ部屋で顔を合わせ、机を並べて、お茶を飲んだり、昼食をとったり、自然にできるコミュニケーションが、リモートワークになると直接会うことがないので、意志的に発信しないとつながらない。上司や同僚との意思疎通も、ともすれば滞りがちになる。報・連・相の励行（↓176頁）はもちろんだが、仲間としての連帯感も、仕事を進める上で必要なのだと、離れてみれば改めて実感できる。

▽**チャットでつながる**　メールやメーリングリストでのやり取りは、業務上の連絡が主だろう。仲間同士で何気なく交わす挨拶や雑談をつなぐツールとしては、チャットのほうが適している。スマホやパソコンで、チャットの画面を表示しておくことで、仕事の傍ら気軽に交流ができる。チャットでは会話を交わすように短文を書き込むが、親しさや感情の表現には絵文字を用いるとよい。また音声によるチャットなら作業の手を動かしながら返答ができるし、文字より相手を身近に感じられるだろう。

▽**雑談の効用**　仕事の合間に交わす雑談は、気分をリフレッシュするだけでなく、仲間とつながっている安心感が仕事の推進力になるものだ。チャットはもちろん、リモート会

議でも必要な連絡事項だけで終わるのではなく、会議の前後に軽く雑談を交わし合うことが自然にできれば、その後の作業に弾みがつく。

▽通知オフ（ミュート）の活用　ただし仕事に集中したいときには、チャットも邪魔になる。それなら通知をオフ（音声ならミュート）にすればよい。外出したり、リモート会議に入る場合も含めて、しばらく通知オフにする場合は「お昼まで作業に集中するので、通知オフにします」「○○との打合せで、2時間ほどオフにします」などと、メンバーに知らせておくとよい。

▽理解や意識の共有　ｗｅｂ会議やメールなどで、作業の分担やプロジェクトの目標などを、互いに了解しているはずだ。が、すぐ近くにいてそれぞれの作業の進め方を目にし、日常的に質問や相談をし合っている関係と違い、場を共有しないリモートワークでは、思っている以上に認識を共有することが難しい。打合せや報告をより密にして、メンバーの理解や意識にズレがないか、常に確認し合う姿勢が大切だ。

▽モチベーションを保つ工夫　日々の勤務が単調になりがちなので、モチベーションが下がることもあるだろう。勤務にアクセントをつける意味でも、定期的にｗｅｂ会議を設定して顔を合わせることは有効だ。また、プロジェクト成果の発表会や、関心のあるテーマについての勉強会を開けばモチベーションも上がるし、スキルアップにも役立つ。ある

いは勤務時間外にｗｅｂや対面の飲み会を開くのもいいが、時間外だと全員参加にはならないだろう。交流イベントは勤務の中に組み入れるのがコツだ。

▽メンタルケア　通勤から解放され、育児や介護との両立も可能となり、働き方の自由度が増して、リモートワークを快適に感じている向きは少なくない。その一方で、むしろストレスを募らせている場合もある。ふれあいがなくなり孤立感を募らせる、自宅が仕事の環境に適さず苛立ちを覚える、同僚の働き方が見えず不安や不公平感をもつ、生活のリズムを狂わせ体調を崩すなど。そんな場合はメンタルケアが必要だ。

①自分でケア　まずは自分自身が心の不調を自覚すること。寝付けない、起きられない、やる気が起きない、集中できない、寂しい、焦りや自己嫌悪を感じる。そんな自分に気づいたら、メンタルケアを始めよう。例えば、仕事の進め方や環境を見直して改善を図る（↓114頁）、体調管理や心身のリフレッシュを図る（↓218〜221頁）など。また一人で悩まず、早めに仲間や上司に相談すること。社内に保健スタッフがいれば連絡してみるのもいいし、個人的にカウンセリングを受けてみるのもいい。

②上司によるケア　日頃から部下の状態に気を配り、対応や仕事のしかたに不調を感じたら、声かけをして相談に乗る。仕事のさせ方を改善したり、本人の同意を得て保健スタッフに連絡したり。その際、過度の干渉や監視と受け取られないよう、接し方に注意する。

リモートワークにともなうメンタルケア

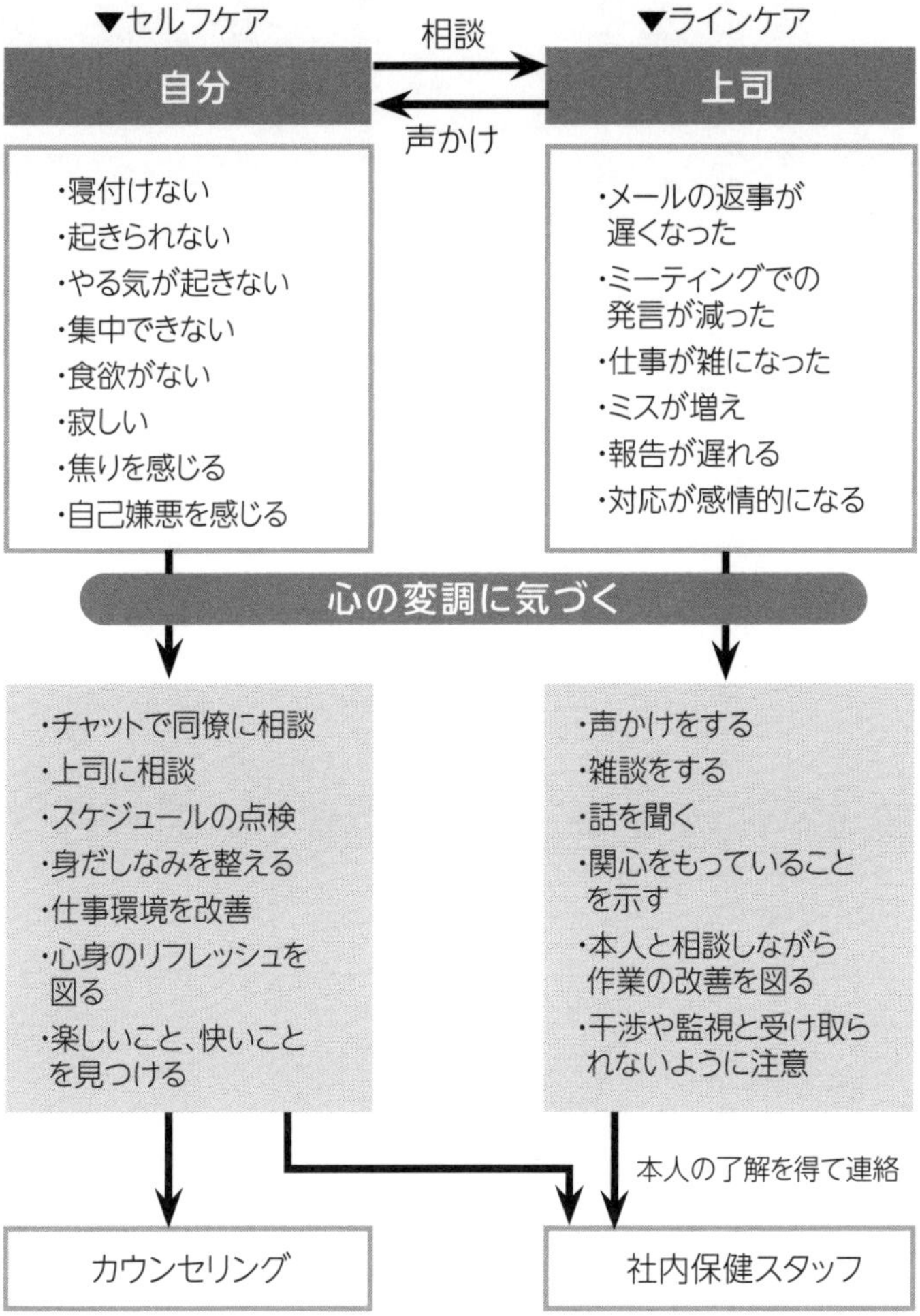
▼セルフケア
▼ラインケア
相談
自分
上司
声かけ
・寝付けない
・起きられない
・やる気が起きない
・集中できない
・食欲がない
・寂しい
・焦りを感じる
・自己嫌悪を感じる
・メールの返事が遅くなった
・ミーティングでの発言が減った
・仕事が雑になった
・ミスが増え
・報告が遅れる
・対応が感情的になる
心の変調に気づく
・チャットで同僚に相談
・上司に相談
・スケジュールの点検
・身だしなみを整える
・仕事環境を改善
・心身のリフレッシュを図る
・楽しいこと、快いことを見つける
・声かけをする
・雑談をする
・話を聞く
・関心をもっていることを示す
・本人と相談しながら作業の改善を図る
・干渉や監視と受け取られないように注意
本人の了解を得て連絡
カウンセリング
社内保健スタッフ

16 初対面の「名刺交換」を効果的に

名刺受け渡しのマナーからファイリングまで

社外の人とのコミュニケーションを広げていく上で、なくてはならない小道具が名刺である。名刺はビジネスマンの顔と言ってもよい。受け渡しやあつかい、その後の整理も含めて上手に活用したい。

▽名刺はビジネスマンの顔　名刺は自分の顔である。刷り上がったら、記載に間違いのないことを確認しよう。また異動等で肩書きや連絡先が変更になったらすぐに新しい名刺を用意する。「自分の顔」と心得れば、古い名刺に訂正を入れて渡すようなことはできないはずだ。また、持ち歩いているうちに折れたり汚れたりしないように、専用の名刺ケースに入れておく。同様に相手の名刺は「相手の顔」なのだから、そのつもりでていねいにあつかう配慮が大切だ。

▽相手に名刺を手渡す　名刺を手渡すのはたいてい初対面の折りなので、まずは「はじめまして」と挨拶する。それから取り出した名刺を右手もしくは両手で持って相手に近づき、「私、〇〇会社〇〇課の〇〇と申します」と名乗ってから、相手の胸ぐらいの位置に名刺を差し出し、「どうぞよろしくお願いいたします」と挨拶しながら受け取ってもらう。

名刺を渡す順序は、売り手と顧客の関係なら、売り手側から先に渡し、目下と目上の関係なら、目下の方から渡すのが一般的だ。が、そうした順序に関係なく、もし相手の方が先に差し出してきたら、いったん自分の名刺をしまうか、テーブルの上に置くかして、まず相手の名刺をきちんと受け取り、その後で自分の名刺を差し出すのがよい。

▽双方で交換する場合　挨拶の際に相手も名刺を取り出そうとしていたら、相手の態勢が整うのを待つ。相手が名刺を右手に持ったら、受け渡ししやすい位置まで近づいて、名乗ってから右手で名刺を差し出す。相手も同じように差し出してくるので、互いの胸の前で双方の名刺が並ぶ格好になる。そうしたら、まず左手で相手の名刺を支え、相手も同様に自分の名刺を支え持ってくれたら、名刺を持っていた右手を離し、左手で支えていた相手の名刺を右手でも持って、それから自分の方へ引き取る。

つまり、左手で受け取らないということだ。左手は仮に支えるだけでその位置を動かさず、右手でも持ってから、両手で自分の方に引き取れば、右手で受け取ったことになるわけだ。混乱するなら、誰かに相手をしてもらって練習してみるといい。

▽名刺を受けたら　相手の名刺を受け取ったら、そこに書いてある内容に目を通す。特に相手の姓名は間違いなく読む必要がある。もし読み方に迷ったら、後ろにローマ字印刷があるかどうか確かめて、わからなければ「お名前はどうお読みするのでしょうか」など

と質問する。また、連絡先が複数記載されている場合には「ご連絡はどちらへしたらよろしいですか」と確認する。こうした会話は初対面の緊張をほぐすきっかけにもなるものだ。

受け取った名刺は、ただ面談するだけなら、テーブルの上に置いても構わない。が、その後で資料等を広げるような場合は、名刺入れに収めて懐もしくは鞄にしまう。もし相手がこちらの名刺を受け取ったまま、自分の名刺をくれない場合は、「恐れ入りますが、お名刺を頂戴できますか」と催促してもよい。

▽名刺の整理

名刺を受け取ったら名刺入れに入れっ放しにしておかず、その日のうちに整理しよう。名刺の余白に交換した日付と場所、用件などをメモしておくとよい。「連絡はなるべくメールで。囲碁二段」など、その時に得た情報を書き込んでおくのもよい。

名刺は大切な情報源なので、名刺整理専用のファイリング用品を使って効率よく整理しておこう。例えば、名刺ホルダー（ポケット式バインダーで大小ある）、名刺ボックス（カードボックス式に名刺を立てて並べ、見出しガイドをはさんで整理する）、ロータリーデックス（回転式の名刺整理器具）など。デジタルファイリングなら名刺アプリを活用する。名刺の情報をスキャナで読み取るか、スマホのカメラで撮影してアプリに取り込み、データベース化して管理する（→144頁）。いずれの方法を用いるにしても、名刺のファイリングは必ず励行しよう。

7章

自分自身を改善する習慣

1 集中力が仕事のスピードを改善する

目標設定・目的意識がやる気と集中力を高める

いよいよ最後の改善メニュー「自分自身の意識」である。前章の「コミュニケーション」はもちろん、「段取り」「スケジュール管理」「ファイリング」にしても、すべて取り組むのは「自分自身」なのだ。最後に自己の意識を再確認することで、画竜点睛としよう。

▽集中力はどこから　同じ作業をするにしても、その時の集中力によって、仕上がりのスピードも質も違ってくる。つまり集中力を高めれば仕事の能率が上がるわけだが、どうしたらその集中力が上がるのか。すなわち「やる気」が湧いてくるのだろう。まずはそのあたりから「自分自身の改善」を考えていこう。

▽目標を設定する　人は、目標が決まるとそれを目指してがんばるものだ。例えば、Aさんができる同僚を観察した際にもそうだった。同僚は1日のスケジュールに沿ってルーチンワークの事務処理にも仕上がり期限を設け、その締め切り目指して脇目もふらず邁進。で、予定通りすませると「やった！」と満足し、次々と予定の仕事をクリアしていた。この様子を見たAさんは「この程度のことがそんなに嬉しいのかな」と首をひねっていたが、そう思ったら実際にやってみることだ。

例えば「この仕事を11時までに上げる」と決める。すると「あと1時間半だ」と逆算して、俄然エンジンがかかってくるはず。どんなに小さな目標でも、きっちり達成すると気持ちがいい。それで次への意欲も湧いてくる。しかも効率的に仕事をこなせば、残業を避けてアフター5を有効に過ごせるし、当然上司の評価も上がり、ステップアップにつながる。こうした成果に、また「やる気」が湧いてくる…と。その好循環の糸口が「目の前の仕事の期限」という、意外に手近な目標設定にあるのだ。まずは試してみるのも手だろう。

▽**目的意識をもつ**　もう少し視野を広げて考えてみると、人間は価値を見出すことに意欲を感じるものだ。例えばこんな話がある。経営の神様といわれた松下幸之助氏は、大正7年に松下電器産業を創業、順調に業績を伸ばし組織も拡大した。が、次第に物足りなさを感じるようになり、社員の間にもマンネリズムが広がった。そこで松下氏は「自分たちの仕事の意義を自覚せずにやってきた」ことに気づいて、昭和7年に「社主告示」を行い、経営理念（↓35頁）を発表した。すると社内は驚くほど活気づき、事業展開のテンポも飛躍的に上がったという（『本田宗一郎と松下幸之助』日経BP）。

そもそも仕事とは、人々の役に立つことで報酬を得て、利益をあげている。自分の仕事が社会にどう貢献しているのか、どういう意義があるのか。すなわち企業理念を自覚することは、仕事に対する意識を根本的に立て直してくれる。集中力の根源となる精神だ。

2 仕事に集中できない時の対処法

なぜ集中できないのか原因を把握して適切に対処しよう

前述のような心構えをもっても、やはり気持ちが乗らないこともある。そんな時にはいたずらに焦ったり、諦めてぼんやりしたりせず、なぜ集中できないのかを考えてみよう。

▽**しぶしぶ受けた仕事**　上司から面倒な雑務を押しつけられた時など「なんで自分が…」とげんなりするのも道理だ。が、引き受けたのだから仕方がない。いずれはすべき作業ならサッサと終えるに限る。嫌な場所を駆け抜ける気分でエンジンをフル回転させよう。

▽**成果が上がらぬ**　やっていて作業が進まないと嫌気がさすもの。なぜ進まないのかを考えてみよう。で、やり方に問題がありそうなら変えてみる。それまでの成果を捨て、初めから考え直した方が効率的なこともある。情報が足りなければ、一度中断して収集する。

▽**気分のマンネリ化**　眠たくなったり、気持ちがたるむこともある。お茶を入れたり、トイレへ行って顔を洗ったりして気分転換しよう。別の仕事に切り替える手もある。

▽**体調不良**　体調を崩すと当然集中力も失われる。可能なら比較的集中力のいらない雑務に切り替えよう。あまり無理をせず、早退する段取りをとることも必要だ。

▽**不安がある**　公私を問わず心配事があると集中できない。この場合については次項で。

原因別・集中できない時の対処法

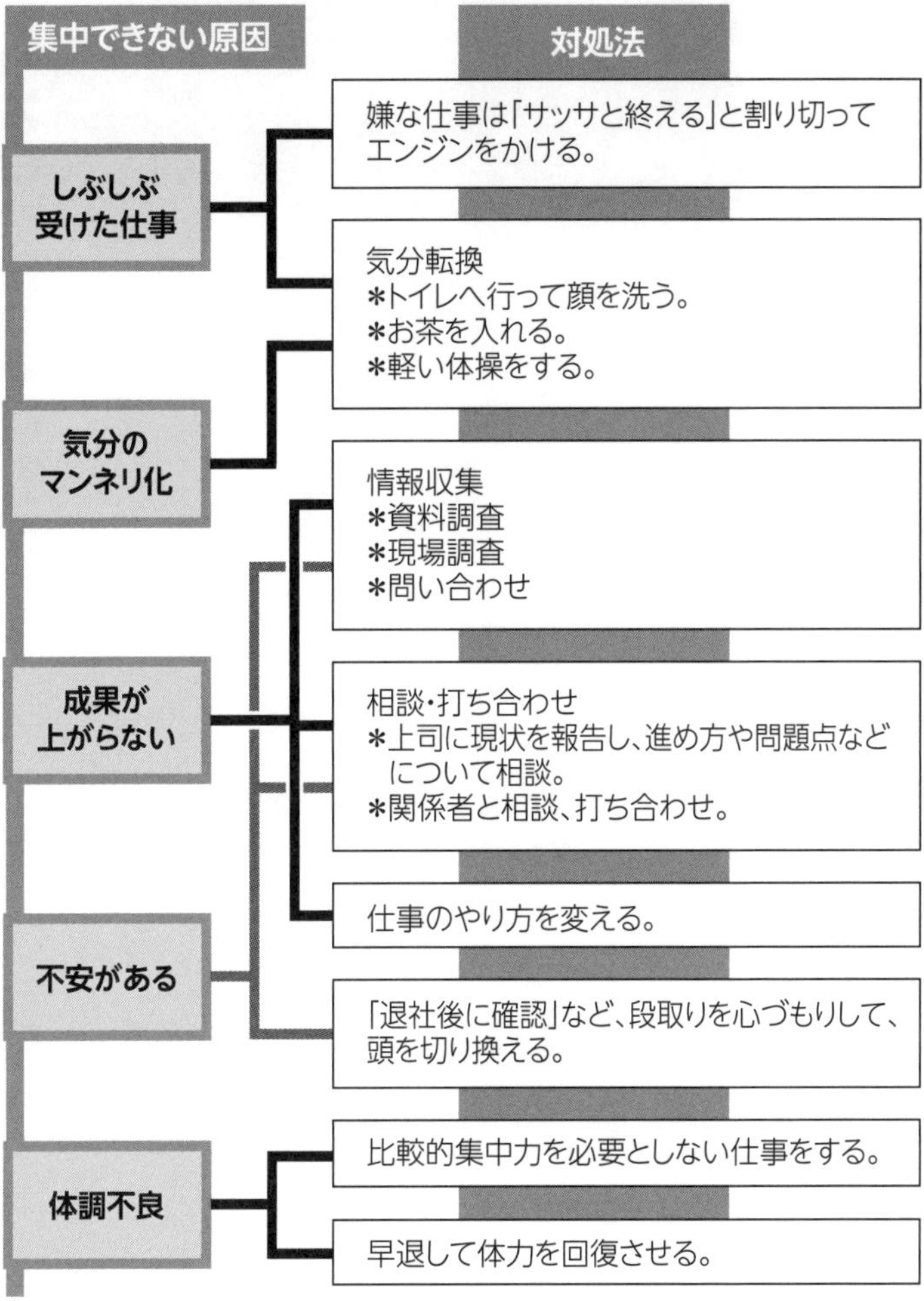
集中できない原因
対処法
しぶしぶ受けた仕事
気分のマンネリ化
成果が上がらない
不安がある
体調不良
嫌な仕事は「サッサと終える」と割り切ってエンジンをかける。
気分転換
*トイレへ行って顔を洗う。
*お茶を入れる。
*軽い体操をする。
情報収集
*資料調査
*現場調査
*問い合わせ
相談・打ち合わせ
*上司に現状を報告し、進め方や問題点などについて相談。
*関係者と相談、打ち合わせ。
仕事のやり方を変える。
「退社後に確認」など、段取りを心づもりして、頭を切り換える。
比較的集中力を必要としない仕事をする。
早退して体力を回復させる。

3 迷いや不安を感じる時の対処法

迷いや不安の原因をつかんで解決の段取りをつける

心に迷いや不安を感じる場合にも、やはり仕事に集中できないものだ。この場合もまた、その原因をつかむことが解決の第一歩。何か頭にひっかかって集中できない時には、ちょっと手を休めて心のモヤモヤを整理しよう。

▽**迷いや不安の原因**　気になっているのは仕事上のことなのか、それとも私的なことなのか。仕事上ならどの仕事のことか、今進めている仕事か、同時進行している別の仕事か、別の人が進めている仕事か、発案中の企画のことか。あるいは社内の人間関係か。また私的事情と仕事の問題とが絡んでいることもあるだろう。

迷った時の常套手段は、すでに述べたように、頭の中にあることを残らず書き出すことだ。ノートにペンを走らせても、パソコンに向かってもいい。ともかく書き出してみよう。

▽**仕事上の迷いや不安**　仕事上の心配事なら棚上げにはしておけない。上司に相談するなり、関係者に確認するなりして解決の段取りをつける。

そもそも迷いや不安は、情報不足から生じていることが多い。確かな情報が得られれば、それだけで解決することもある。疑問点を問い合わせをしたり、現場に出向いたり、資料を調べたりして、必要な情報の収集に努めよう。

▽**私的な事情**　迷いや不安の原因が私的な事情であれば、「退社後に確認してみよう」とか「次の休日に対処しよう」などと心づもりをして、その場では忘れるようにする。公私を分けるのは社会人としての良識だ。いくら気になっても、仕事と関係ない以上、勤務時間中には頭の中から取り払うこと。

ただし、私的事情が仕事と関係している場合もある。例えば、転職の誘いがあるとか、職場待遇や将来性に不安があるとか。あるいは家族の介護が必要になった場合にも、仕事のしかたが関わってくる。そうした時にはやはり、私的事情も含めて上司に相談してみるとよいだろう。また、迷いや不安を脱する第一歩が情報収集であることは、私的事情においても変わらない。退社後や休日を活用し、関係者との話し合いも含めて、積極的に情報収集に努める。

▽**段取りをつける**　迷いや不安の原因がわかっても、すぐには対処できないこともある。そんな時は、取りあえず関係者に連絡を取ったり、上司に相談を申し込んだり、「この仕事が終わったら調査してみよう」とか、私的事情なら「次の土日に」など、取りあえず何らかの段取りをすること。たとえすぐには解決しなくても、段取りがつけば心が落ち着くものだ。

4 失敗をした時の対処法と立ち直り

まずは報告と謝罪・善後策、そして失敗を今後の糧に

何かをすれば、失敗はつきものだ。もちろん仕事においても、失敗をしたことのない人などいないはず。特に慣れない仕事をする場合、ある程度の失敗は不可抗力とも言える。だから肝心なのは、失敗に気づいた後の行動なのである。

▽失敗の報告と謝罪

失敗をおかしてしまったら、あるいは指摘されて失敗に気づいたら、まずは謝罪――と、前章で述べた（↓190頁）。失敗は何らかの形で周囲に迷惑をかける結果になるからだ。

同時に、失敗した事実を隠したりせず、速やかに上司に報告すること。例えば取引先からクレームを受けた場合、担当者である自分の失点につながると思えば、黙って処理してしまいたいのが人情だろう。が、その処理のしかた如何で、次のトラブルに発展する可能性もあり、万全の善後策を講じるためにも、まずは上司への報告が欠かせない。

叱られるとか、減点材料にされるとか、余計なことを考えず、事実を正確に報告して、自分の落ち度については謝罪し、善後策について相談する。これが失敗の連鎖を避け、ダメージを最小限に抑えるための鉄則と心得よう。

▽速やかな善後策　どうやって失点を取り戻すのか、与えた損失を償うのか。失敗に気づいたら、すばやく対処しなければならない。そのためにも正確な報告が必要なのだ。くれぐれも善後策は単独で行わないこと。組織の一員であることを自覚しよう。

あるいはごく内部的な書類作成のミスにしても、作り直すのに余分な時間がかかるわけだし、次は間違いなく作成するためにも、やはり上司に報告して、謝罪して、新たな指示を受ける。こうした行動もまた一つの善後策なのである。

▽失敗の原因と今後　おかした失敗について、くよくよする必要はない。が、「終わったことは早く忘れてしまおう」という考えもまた得策ではない。最初の失敗は許されても、重ねて同じ失敗をすれば致命的な信用の失墜になる。二度と同じ過ちを繰り返さないために、なぜ失敗したのか、その原因をしっかりと把握することが大切だ。

また失敗の原因については、迷惑を被った側の人たちも大きな関心を向けているもの。なぜこんな不手際が起きたのか。その疑問に答え、二度と繰り返さない方策を伝えるのも、大事な善後策の一環だ。その過程で、より深い信頼関係を構築することもできる。

▽失敗を糧にする　人間は経験を重ねて成長していく。失敗という経験には実に学ぶべきことが多いのだ。技術的なことだけでなく、心のゆるみや驕りに気づくこともある。周囲に助けられて人間関係の大切さを肝に銘じ、他人への寛容を養うことにもなるだろう。

5 プラス思考とは素直で柔軟な心

ものごとは複雑に考えず。あるがままに受け止める

例えば「失敗は成功の素」という考え方はプラス思考の典型だが、その心は「失敗」を「成功」にすり換えるということではない。逆に「失敗」をありのままに受けとめることが、プラス思考の本質なのだ。

▽事実を素直に受け止めるとは　仕事で失敗をした時に「これでお終いだ」「自分はダメな人間だ」と考えるのは、明らかにマイナス思考である。つまり失敗をありのままに受け止めていないのだ。失敗は仕事の一部のミスであり、謝罪と善後策で処理すればよい。決して「お終い」ではないし、まして人格全体を「ダメ」と否定するようなことではない。前項で紹介した失敗への対応と比較してほしい。プラス思考の意味がわかるだろう。

▽柔軟な思考　例えば恋心を告白した時「結婚を約束した人がいる」と言われた。さて、どうするか——。その後の展開はともかく、ここでは「よかった。まだ結婚していないのだから、チャンスはある」とニッコリするのがプラス思考。勝手に気を回して絶望したりせず、事実を過不足なく受け取って、柔軟に思考を働かせる。プラス思考とは特別な思想ではなく、ごく単純で当たり前の考え方なのだ。

プラス思考とマイナス思考

●仕事で失敗をした。

プラス思考	マイナス思考
＊何をどう失敗したのか。 ＊誰にどう迷惑をかけたか。 ＊どう対処したらいいか。 ＊周囲の助力はありがたい。 ＊この経験を糧としたい。	＊どうしよう。お終いだ。 ＊叱られる。責められる。 ＊私はダメな人間だ。 ＊あんな叱り方をしなくてもいいのに。

●難しい状況になった。

プラス思考	マイナス思考
＊何が問題なのだろう。 ＊望ましい展開は? ＊どういう方法があるか。 ＊ここが踏ん張りどころだ。	＊面倒なことになった。 ＊早いところ片づけたい。 ＊なんて運が悪いのだろう。 ＊逃げ出したい。

●悩み事や心配事がある。

プラス思考	マイナス思考
＊誰にでも悩みはある。 ＊どうすれば改善するか。 ＊上司に相談してみよう。	＊すべての悩みが消えてくればいい。 ＊自分は不幸な人間だ。

●現状に不満がある。

プラス思考	マイナス思考
＊改善の余地がないか。 ＊どうすれば改善できるか ＊上司に相談してみよう。	＊どうせこの程度だ。 ＊何もかも嫌になる。 ＊上司が悪いからだ。

6 完全主義に陥ると仕事を見失う

肝心なのは相手の要求に適切に応えること

もちろん完璧な仕事が悪いわけではない。ミスなく、質高く、速やかに期限を守って、相手が満足する仕事をこなすのは理想的だ。そうした仕事ぶりは当然高く評価されるし、能力に自信をもっていい。ただし現実は、いつでもそう理想的に進むとは限らない。

▽**自己満足に陥らないこと**　有能で主体的な姿勢の持ち主は、自分の仕事に対する責任感が強い。それは大事なことだ。が、「自分の仕事」という意識が、時として仕事の私物化を招くこともある。仕事はあくまで組織のものだ。また、いかに仕上がりの質は高くても、期限を過ごしたり、コストがかかり過ぎたりすれば仕事にならない。

肝心なのは顧客もしくは上司の要求に的確に応えること。それを超えた過度の完全主義は、必ずしも相手を満足させるとは限らない。「ここまでやらなくても…」と、かえって不興を買うこともあり得る。まして要求以上の時間や、コストがかかればなおのことだ。

▽**指示通りいかない場合**　仕事には期限があり、コストと価格とのバランスもある。例えば仕事が指示通りに進まない場合は、途中経過を報告をして、さらなる指示を仰ぐこと。「自分の仕事」と抱え込むと、かえって破綻を招く結果になる。

仕事の本質とは…

●仕事とは…

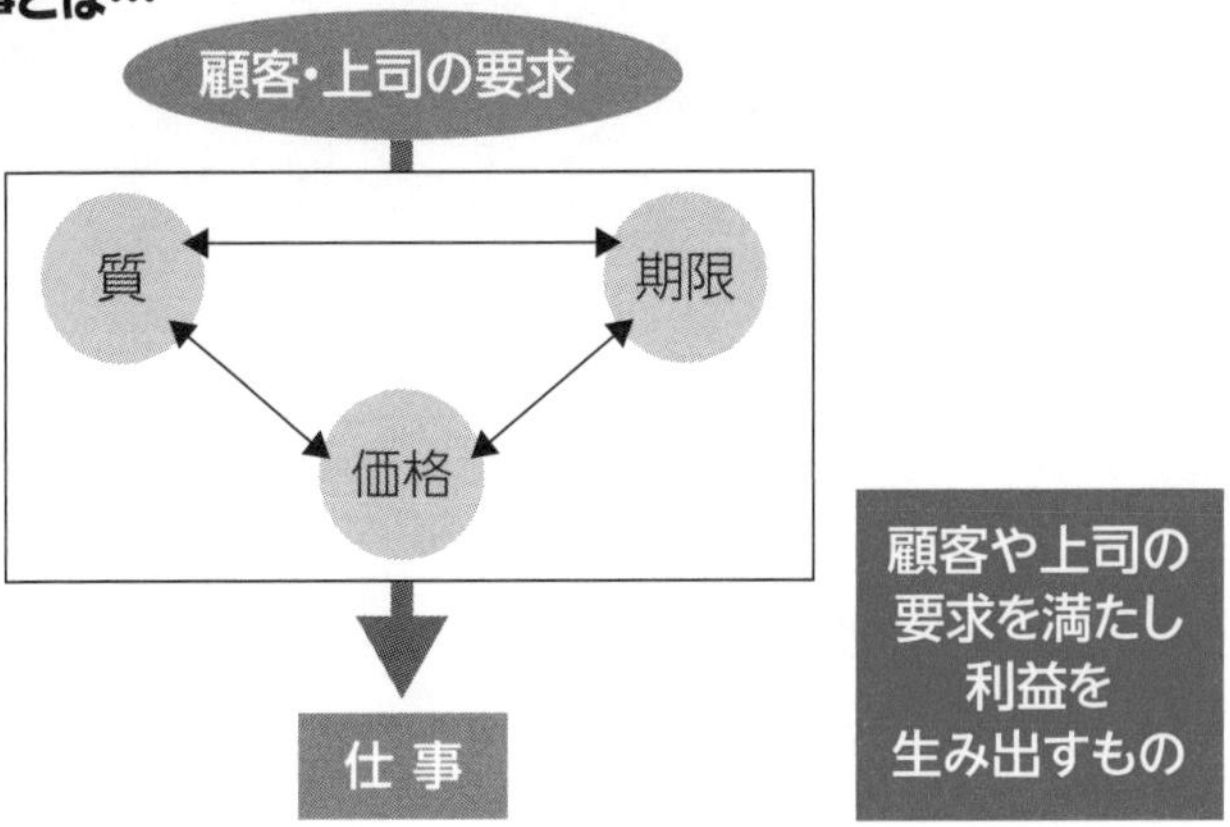

●「自分の仕事」とは言っても…

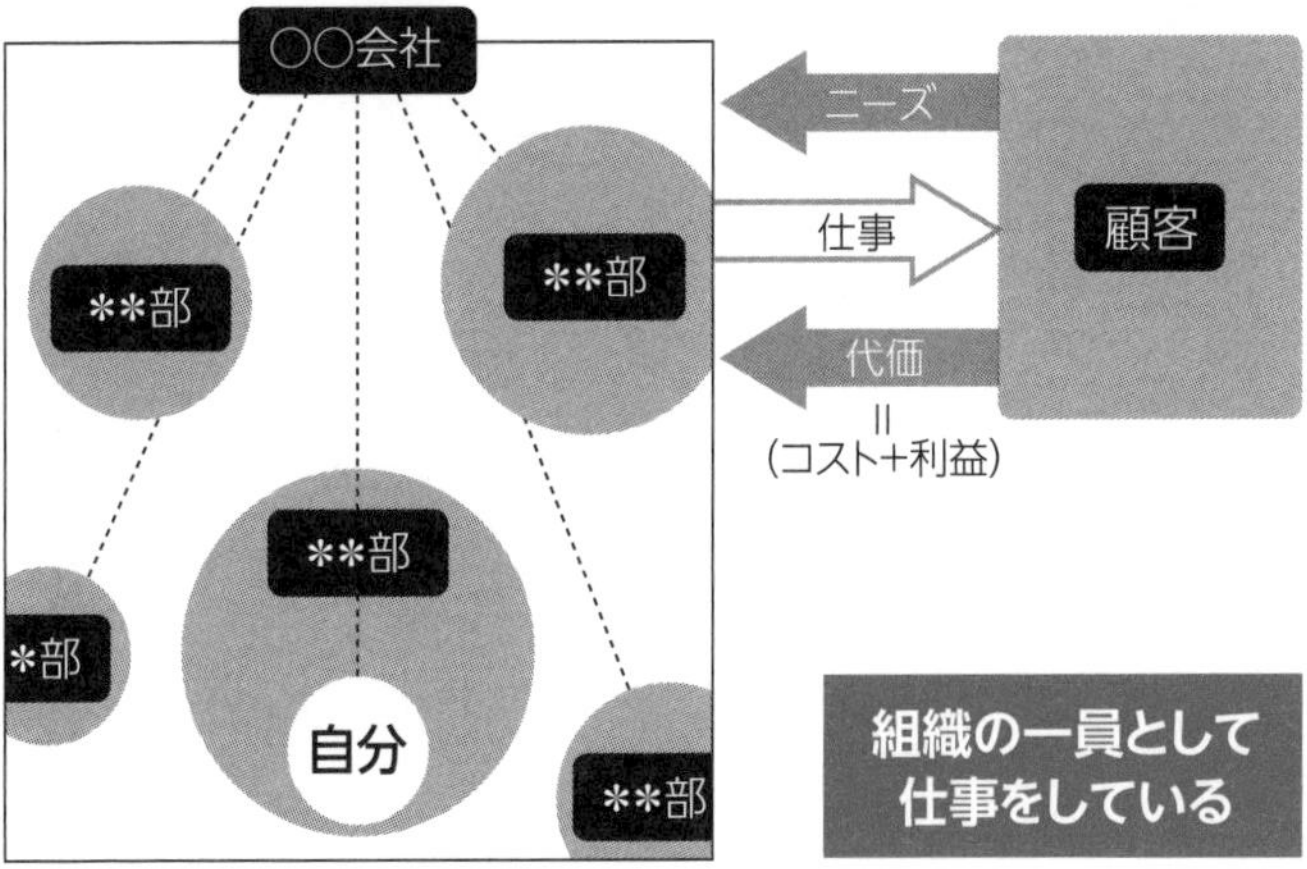

7

健康を保つための自己メンテナンス

仕事の能率を上げるためにも日頃の健康管理は欠かせない

「心・技・体」の充実が必要なのは相撲だけではない。仕事もしかりである。特に「体」すなわち健康管理は、仕事の能率を上げるためにも大切な要素だ。

▽**規則正しい生活**　早寝早起きが健康の基本——。とはいえ実際はなかなかそうもいかないと思うが、やはり生活のリズムは整えたい。まずは起床時間と就眠時間をなるべく一定に保つこと。夜更かしはもちろん、休日に寝溜めをするのも感心しない。

あとは食事の時間。平日の朝と昼の食事は必然的に決まるだろう。夕食も決まった時間にとろう。睡眠と食事の時間を一定にすれば、生活のリズムは自ずと整うものだ。

▽**快適な睡眠**　睡眠不足に悩む向きは少なくない。快い睡眠のためにも規則正しい生活が第一だ。次に睡眠環境。特に枕の使い心地の再点検をお勧めしたい。高価な枕には、やはりそれだけの価値はあるものだ。一度デパートの寝具売場などで、実際に横になってさまざまな枕を試してみるとよい。

昼寝という手もある。20分でも眠れるとスッキリする。デスクにうつぶした姿勢で快眠できる枕とか、オフィス用の昼寝グッズも種々出ている。アイマスクや耳栓のほか、机の下にセットするハンモック式のフットレストなども、場所を取らずに足腰の疲労を癒やしてリラックスできる。慢性的な寝不足に悩む人は、昼寝を試してみてはいかがだろう。

▽**食生活の充実**　睡眠とともに重要なのが食事。朝食を抜いたりせず、三食きちんと食べることが第一。第二に栄養のバランスを考えること。外食や弁当ではどうしても野菜類の摂取が不足する。サラダや煮物のパックを買い足すとか、あるいはキュウリやトマトなら調理しなくても、洗ってそのままかじればいい。

▽**適度な運動**　特にデスクワークの人の場合、じっと机に向かっている時間が長く、運動不足になりがちだ。少し早起きして散歩やストレッチをしたり、仕事の後にヨガやスポーツジムを利用するなど、定期的に運動をする習慣を作ろう。水泳や太極拳、エアロビクスなどの教室に通えば、運動とともに趣味としても楽しめる。

▽**心の休息**　心と体はつながっている。仕事の疲れには、人間関係が絡んでいることも多いだろう。心をリラックスさせることが、体の疲労回復にもつながる。アロマテラピーや、足裏マッサージなど。時にはちょっぴり贅沢なリラックス時間をもつのもいい。

▽**健康診断**　社会保険に加入していれば、年に一度の健康診断が実施されているはず。忙しくても欠かさず受けよう。また何か不調を感じる場合には、面倒がらずに受診すること。万が一何かの病気の兆候かもしれない。治療には早期発見が大切だ。

8

朝食は必ずとるのが仕事改善の条件

手間いらずの朝食メニューを工夫しよう

「三食きちんととること」と前述したが、実際には朝食を抜く人が少なくないようだ。仕事改善には朝のスタートダッシュが肝心。そのためにも朝食をとることは欠かせない。

▽**手間いらずのスピード朝食**　朝は忙しくて朝食の用意をしている暇がないなら、手間のいらないメニューにしよう。例えばパンと牛乳。トーストするのが面倒なら、クロワッサンやバターロールなどにすればいい。牛乳が苦手なら野菜ジュースという手もある。前の晩にニンジン、キュウリなどを洗って棒状に切っておけば、マヨネーズ等をつけて手軽にかじれる。プチトマトも手間いらずだ。ヨーグルトも便利だし、卵だって割って蓋をしてレンジにかければ数十秒でココット（蒸し卵）になる。チーズを加えてもいい。

▽**胃に優しい朝食**　起き抜けで食欲がないなら朝粥はいかが。炊飯器はお粥もおいしく炊ける。寝る前にタイマーセットしておこう。玄米粥なら栄養価も高く、すりゴマ（ゴマすり器が便利）や焼き海苔、しらす干し、刻み葱や菜っぱなどを加えれば、さらに充実。

▽**朝食を食べさせる店**　それも面倒なら、少し早起きしてオフィス街で朝食をとる手もある。なるべく健康的なメニューを出す店を、和洋中とチェックしておけば飽きもこない。

手間いらずの朝食メニューの工夫

●パンが主食なら…

パン

＊トースト
＊クロワッサンやバターロールなら焼かなくとも。
＊ゴマペーストやレバーペーストをつければ栄養価が高まる。

野菜

＊プチトマトなら洗うだけ。
＊キュウリやニンジンを棒状に切ってマヨネーズで。
＊サラダ菜、レタス、ルッコラ、赤茎ホウレンソウ等は洗ってちぎるだけ。
＊ワカメは洗って切ってタッパーに入れておくと便利。
＊キャベツはサッとゆでておくと便利。

その他

＊ゆで卵は水から入れて、沸騰してから5分程度。
＊ココットは耐熱容器に卵を割り、ラップをかけてレンジで数十秒。
＊スモークサーモン、しらす干し、シーチキン等をサラダにのせても。
＊チーズ、ヨーグルトも手間いらず。
＊貧血なら鉄剤を。
＊フルグラ、コーンフレークも便利

飲み物

＊牛乳・豆乳。
＊野菜ジュース。
＊果汁・青汁。
＊紅茶・コーヒー。

●朝粥なら…

お粥

＊前晩に炊飯器をセットしておく。
＊前晩の残りご飯に水を足して10分ほど炊いてもよい。
＊白粥なら、お腹の弱い人にも優しい。
＊玄米粥なら栄養価も高い。
＊白米に雑穀を混ぜると栄養価が高くなる。
＊きのこ類をいっしょに炊き込めば、きのこ粥になる。

添加食材

＊すりゴマ（すりゴマ器に煎りゴマを入れておく）。
＊焼き海苔、青海苔。
＊しらす干し、たらこ等。
＊梅干し、漬け物。
＊卵を落とす。
＊刻み葱、ワカメなどは前晩に洗って切っておく。
＊青菜等、ゆで野菜は前晩の残りを利用。

9 仕事改善の習慣は自分自身を活かすノウハウだ

仕事改善の習慣を活かして仕事と人生の充実を

ここまで、仕事をはかどらせるための改善策を6つのメニューに沿って考えてきた。すなわち小さなムダを省くための工夫やテクニックを紹介してきたわけだが、そうした小さな改善を実行に移していくと、ゆるんだネジが一つずつ締め直されて、仕事を進める上でのブレや歪みが解消されたことに気づくはずだ。それでこそ仕事は速やかに進むのである。

▽時間の創出　仕事の改善で得られるものは何か。それはまず、仕事がはかどることで浮いた時間だ。時は金なりと言うが、金どころではない。時間は人生の成分そのものなのだ。せっかく得たこの貴重な時間を、有効に活かす行動に出なければウソだろう。そもそもそのための時間がほしくて、仕事改善の努力をしたのだから。

▽能力の向上　仕事改善による収穫はもう一つある。すなわち能力の向上。効率的に仕事をこなせるようになった事実は、取りも直さす仕事の能力が上がったことを意味する。仕事を管理するということは、自分自身を管理することに他ならない。さらに言えば、仕事の改善に努める中で、気づかぬうちに成長を遂げた自分が、今そこにいるはずだ。

▽仕事に能力を活かす　自分の能力を活かしたい――。それは誰もが心に抱く根源的な

願望であり、自らの存在証明でもある。まして仕事に能力を発揮するということは、一面で社会に貢献し、引いては未来を創造することでもある。だからこそ仕事は面白い。そしてよい仕事をすれば、人々は喜んでたくさんの代価を支払ってくれる。すると会社は儲かり、自分自身の評価が上がって収入も増える。実利なくしてはやる気も出ないだろう。

そのために仕事に追われるのではなく、仕事を追う側に回る必要がある。自分の方から積極的に仕事に関わり、提言や提案を通して仕事の舵取りをする。また企画を構想して仕事を創造する。創出した時間と能力は、そうやって活用してこそ意味がある。

▽「改善」習慣を生き方の基礎に

仕事は、言うまでもなく人生の重要な一部だ。「仕事をしている自分は仮の姿、趣味に打ちこむ時こそ本当の自分だ」などと言う人もいるが、それは当人が勝手にそう思っているだけ。実際は仕事も趣味も、家族と過ごす時も、眠っている時間まで含めて、すべてが本当の自分であって本当の自分以外は存在しない。

仕事の改善は、確実に生活全体の改善にもなっているし、人間的な成長は仕事の可能性だけでなく、人生における可能性も大きく広げている。これから先、仕事がどう展開しても、また人生のどんな局面に立っても、仕事改善のノウハウは必ず役に立つはずだ。せっかく身につけた「改善」習慣を生き方の基礎として定着させ、仕事も含めた全人生において、持てる力を100%発揮しよう。

堀江恵治（ほりえ・けいじ）
1978年、早稲田大学第一文学部卒業。出版社、新聞社で編集作業に携わったのち独立。 著書に『頭のいい人がしている仕事の整理術・改善術』『箱とファイルと紙だけ アナログ整理・改善術』『手早く書ける、確実に伝わる、ビジネスメールの書き方・伝え方』『社内・社外文書 書き出し事典』(小社刊)、『書きにくい上司·取引先へのビジネス文書』『心を伝えるお礼・お祝い・お見舞い文例』『手紙・はがきの書き出しと 結び実用文』(池田書店刊)など多数ある。

mail : horieseisaku@nifty.com

仕事《しごと》のパフォーマンスを上《あ》げる、整理術《せいりじゅつ》・習慣術《しゅうかんじゅつ》

2023年9月6日　初版発行

著者　堀　江　恵　治
発行者　和　田　智　明
発行所　株式会社　ぱ る 出 版

〒160-0011　東京都新宿区若葉1-9-16
03(3353)2835―代表　03(3353)2826―FAX
03(3353)3679―編集
振替　東京　00100-3-131586
印刷・製本　中央精版印刷(株)

ISBN978-4-8272-1411-6　C0034